中华美好山川

衡山

王志玲 ⊙ 编著

吉林出版集团股份有限公司

前　　言

　　智者乐水，仁者乐山，中国山水雄奇伟丽，千姿百态，独具特色，与数千年文明相融合，积淀孕育了辉煌灿烂的山水文化。山山水水引发了无数的文化现象，成为中国文化的重要组成部分，也成为全人类的重要自然文化遗产。

　　山水文化的形成经历了漫长的历史过程，随着时代的进步，也在不断注入新的文明。山水首先是一种审美的文化，是最具美学价值的自然景观，给人以精神的愉悦和陶冶。《庄子》中说："天地有大美而不言，……原天地之美而达万物之理。"这正是人与自然之间的亲善而又和谐的关系的体现。人与山水之间审美关系的建立和发展，本质上是人类文明发展的表征，而我们对山水的自觉审美追求始于魏晋，当时人们崇尚自然，走向山林江湖，这种"体道"的直接结果是促进了山水文学和山水画的蓬勃发展，正如王国维所说："古今之大文学，无不以自然胜。"

　　中国人崇尚自然，喜欢山水，人们以大自然的山水为对象，创造了丰富多彩的山水文化。元人汤垕有云："山水之为物，禀造化之秀，阴阳晦冥，晴雨寒暑，朝昏昼夜，随形改步，无穷之趣。"正是对山水的无限热爱，中华民族才有了这极其可贵的文化贡献。左思说："非必丝与竹，山水有清音。"这种对山水清音的审美感受向来不只左思有，多数人亦有。中华大地，无山不美，无水不秀，"取欢仁智乐，寄畅山水阴"，庄子云："山林与！皋壤与！使我欣欣然而乐与！"这是中国人的山水观，更是一种山水情怀。

　　中国人喜爱山水，也与原始宗教文化有莫大关系。《韩诗外传》有云："山者，万物之所瞻仰也，草木生焉，万物殖焉，飞鸟集焉，走兽休焉，吐万物而不私焉。"《抱朴子·登涉》更直接说："山无大小，皆有神灵。山大则神大，山小则神小也。"古代"天子祭天地，祭四方，祭山川，祭五祀，岁遍；诸侯方祀，祭山川，祭五祀，岁遍；大夫祭五祀，岁遍；土祭其先"。对山川之神的祭祀膜拜，直接促使人们崇拜与敬畏山川，再加上我们是一个以农耕为主的民族，这使我们对山川更加依赖，与山川的关系更加紧密，这也成为我们文化的发端。

中国的文化特别是山水文化受道教哲学思想的影响较深。中国人制定礼仪规则，但又崇尚自然，老子的"人法地，地法天，天法道，道法自然"的哲学思想深受人们认同，山水文学和山水画最能直接体现这一哲学思想的影响之大。管子认为水是万物之本源，老子则说，上善若水，水善利万物而不争，处众人之所需，故几于道。这自然而然地注定中国山水文化发轫于斯。

佛教对山水文化的影响也不可小觑，天下名山僧占多，佛教对自然山水的开发和建设起了不可忽视的作用。众多的佛教名山荟萃了历代文物的精华，建筑、雕塑、书法、绘画等多有杰作存世。中国山水文化保留了历史的足迹，自古就有"读万卷书，行万里路"之说，把游历与读书相提并论，中国文化渊薮可见一斑。

中国天人合一的主体思想，以人为本，重视人与自然山水的和谐与协调。保护自然，与自然和谐共进是我们所追求的理想目标。人们涌向山川胜地体验自然是件好事，但不可使自然环境的承载能力超出其自身的净化能力，否则，许多名山大川的自然环境和人文环境就要遭受破坏，这些是人们所不愿看到的。为更好地弘扬祖国的山川文化，重视和保护祖国的美好山川，我们选择三山五岳、道教四大名山、佛教四大名山，以及黄河、长江两条母亲河共十八个山川文化遗存呈献给读者，以表达我们对祖国山川的无限敬爱。与此同时，我们也更祈盼它们能得到应有的关心和保护。

编者

2013年1月7日

目录

衡山名称的由来

衡山，又名南岳，是我国五岳之一。"岳"的基本字义之一就是"高大的山"的意思。

据《星经》记载，南岳地处二十八星宿的轸星之翼，号为称量天地的"衡星"，所以也就将南岳命名为"衡山"。

在我国古代，人们认为名山是群神居住的地方，而封建统治者又非常迷信神权，因此历代帝王常常喜欢到一些名山去祭祀上帝，并把这些名山命名为"岳"。

五岳制度最早建于西汉，但衡山被定为南岳却是早在先秦，因为那里自古便是帝王巡狩的地方。《尚书》记载黄帝曾巡狩南岳，《虞书》也有记载说："舜五月南巡守，至于南岳。"不

南岳衡山

过，在我国汉代，南岳一度指的是安徽的天柱山，因为在公元前106年，汉武帝刘彻登临安徽天柱山，就把天柱山封为南岳了。但在590年，隋文帝又改封湖南衡山为南岳，从此，衡山南岳的尊号一直被沿用至今。又因衡山对应二十八星宿之轸星，而轸星中的长沙星是主管人间苍生寿命的，所以衡山又有寿山、南山之称。

二十八星宿

我国古代天文学家为观测日、月、五星的运行，把天空中可见的星星划分成二十八组，称二十八星宿。具体分为东青龙七宿、北玄武七宿、西白虎七宿、南朱雀七宿，每宿又包含若干颗恒星。

五岳

五岳是中国五大名山的总称，它们是东岳泰山（位于山东）、西岳华山（位于陕西）、北岳恒山（位于山西）、中岳嵩山（位于河南）、南岳衡山（位于湖南），其中泰山居首。

巡狩

巡狩，也作"巡守"，《孟子·告子下》云："天子适诸侯，曰巡狩。巡狩者，巡所守也。"可见，"巡狩"即是指天子巡行视察诸侯所守疆土的情况。古代皇帝五年一巡狩。

地形地貌

衡山地处湖南省的衡阳市，位于北纬27°10′～27°20′，东经112°34′～112°44′。衡山北起福田镇，南至樟木市，东起南岳镇，西至界碑，面积约342平方公里，是由绵延400公里，贯穿于衡阳、衡山、衡东、长沙、湘潭等县的巍然耸立的72座山峰组成，这72座山峰也被称为"青天七十二芙蓉"。其主峰是祝融峰，海拔高达1289.8米。

南岳衡山属于花岗岩岩体，地貌类型更是多种多样，有花岗岩山峰、花岗岩峡谷、花岗岩崩塌堆积地貌、花岗岩水蚀地貌、花岗岩石蛋地貌等类型，而且每类又有多种微地貌景观，如花岗岩山峰有峰峦、峰墙、峰丛、峰柱、残峰等；崩塌堆积地貌有石门、石桥、石洞、石堆、石河、错落体等；水蚀地貌有石槽、石脊、石臼、石盆、石潭、穿洞等。由于地貌类型复杂多样，因而景观也显得丰富多彩，从而为旅游业的开发提供了非常有利的条件。

花岗岩

花岗岩是一种岩浆在地表以下凝却形成的火成岩，主要成分是长石和石英。它硬度高，耐磨损，颜色美观，除了用作高级建筑装饰工程、大厅地面外，还是露天雕刻的首选之材。

衡山地貌

峰墙

　　峰墙，指具有一定规模的墙状体地貌。在主脊线两侧，平行地排列着一些东西走向的山峰，有的山脊尖锐如刀锋，近似墙状体。

花岗岩石蛋

　　花岗岩石蛋是一种地貌类型，是指花岗岩岩体因某种原因而被分割成许多岩块，这些岩块的棱角部分最易被风化、崩削，从而逐渐圆化，形成圆形或方圆形，因而称其为花岗岩石蛋。

地形地貌

11

生态环境

　　南岳衡山因为处于亚热带地区，属于亚热带季风山地湿润气候，所以气候条件较其他四岳都好。8月至9月秋高气爽，气候宜人；10月份开始出现一些浓雾、瘴气，高山有近半年的云雾期；到了11月份雾气更加浓了，能见度只有10多米远；12月份开始下雪。由于山岳气候的影响，山上与山下气温常年相差10℃左右。

　　衡山不仅气候温和，而且全年雨量充足，土地肥沃，动植物种类繁多，因而生态环境也特别好。可以说南岳衡山是无山不树，而且树大根深。据统计，有的树龄至少高达1400年，树身3个大人合抱亦不能围拢，树龄在四五百年的多的是，其中有许多树还是珍奇异宝呢！衡山上茂林修竹，翠绿喜人，四季常青，奇花异草，争芳斗艳，四时飘香。放眼望去，南岳衡山

衡山杉木

俨然就是一个庞大的天然公园。再加上"南岳八绝"，使南岳衡山既具有外美，又具有内涵，人们以"南岳独秀"来赞美衡山，当之无愧！

生态环境

生态环境是指影响人类生存与发展的水资源、土地资源、生物资源以及气候资源数量与质量的总称，是关系到人类、社会以及经济持续发展的复合生态系统。故只能保护，不能破坏。

瘴气

瘴气即指热带或亚热带山林中的湿热空气。辞海解释为："瘴气，指南方山林间湿热蒸郁致人疾病的气。"瘴气主要是因热带亚热带原始森林中气温过高，动植物腐烂后而生成。

南岳八绝

南岳八绝是人们对南岳胜景给予的高度概括。它们指的是祝融峰之高、藏经殿之秀、方广寺之深、水帘洞之奇、麻姑仙境之幽、大禹碑之古、南岳庙之雄、会仙桥之险这八大景观。

南 天 门

　　南天门是南岳衡山的一个重要景点，距湖南省衡阳市南岳镇9公里。从南岳大庙后登盘山路而上，经过半山亭，再经过邺侯书院不远，就到了云雾笼罩的南天门。南天门位于衡山横岭中间，海拔1000米左右。南天门是连接主峰的纽带，东连紫盖峰，南连烟霞峰，西连天柱峰，北连碧罗峰。它们从各个方向向南天门环抱过来，伸展开去。南天门更是登上衡山最高峰祝融峰的唯一通道。南天门的下方，还有一块像船一样的卧龙石，名叫飞来船，还有一个高达10多米的石牌坊，因四柱三开，所以分成三个门，即左门、中门、右门，左横楣上刻有"施雨"二字，右横楣上刻有"行云"二字，中门上方横楣上刻有"南天门"三个描红大字，中间两个石柱刻有对联，对联是"门可通天仰观碧落星辰近；路承绝顶俯瞰翠微峦屿低"，字迹端正而醒目。南天门观景台是俯瞰南岳衡山云雾的最佳位置，许多文人骚客在此都留下过诗文。

牌坊

　　牌坊为门洞式纪念性建筑物，是封建社会为表彰功勋、科第、德政及忠孝节义所立。有一些宫观寺庙以牌坊作山门，还有用来标明地名的，它也是祠堂的附属建筑，兼祭祖功能。

南天门对联作者胡遐之

胡遐之（1926—2000），为南天门对联作者，原名霞光，字义银，笔名胡须、辛酸、星森，湖南衡东县人，晚年自号荒唐居士，斋名荒唐居。著有《荒唐居集》、《荒唐居诗词抄》等。

门楣

楣，指门框上边的横木。门楣，就是指正门上方门框上部的横梁。古代按照建制，只有朝廷官吏所居府邸才能在正门之上标示门楣，一般百姓是不准有的。

衡山南天门

南天门

15

麻姑仙境

麻姑仙境

　　麻姑仙境是南岳衡山的重要景点之一，相传为南岳魏夫人侍女麻姑给魏夫人祝寿的地方。麻姑仙境位于衡山风景区天柱峰下，由半山亭向西行走约1公里即至。它采取"点石成景"、"引水造景"、"修路出景"、"植树添景"等造景手法，使麻姑仙境具有很强的观赏价值。其主要景点有麻姑祝寿、绛珠亭、灵芝喷泉、盗桃石、卧虎石等。如灵芝喷泉，它是由灵芝泉与游泳池组成，即将山上的泉水汇集后喷涌而出，十分壮观。灵芝泉有巨型人工造型的灵芝，泉水可由灵芝中喷涌，景色极为可观。在此向西行可见一平桥，桥下有瀑落三叠，这就是著名的绛珠瀑

布，在此再上行则见绛珠池。传说绛珠池就是麻姑酿酒的地方，这里立有塑像，立于石上的仙女就是麻姑，她捧桃提壶，身边靠着仙鹿，状若飞天，游人至此皆为能工巧匠而慨叹。麻姑仙境的自然景色也极美，沿溪水行入林中，满眼野花盛开，芳香沁脾，绿荫遍地，养眼怡神。人功与自然之功的联袂打造，使麻姑仙境成为了名副其实的人间仙境！

麻姑

麻姑是传说中的仙女，自谓"已见东海三次变为桑田"，所以古时以麻姑比喻高寿。为在农历三月初三给西王母祝寿，她每年在南岳衡山采灵芝酿酒，然后从衡山飞天去给王母祝寿。

《麻姑献寿》

《麻姑献寿》是一部以历史时代背景为基础，根据古代神话传说故事改编而成的大型神话剧。麻姑可谓是一个完美的正义女神，她不仅被誉为和平天使，更是老百姓心中的长寿之神。

寿比南山

我们祝寿时常说的"福如东海，寿比南山"中的南山就是指南岳衡山，衡山又称寿山，除了因为它对应着轸星中主管人寿命的长沙星外，长寿之神麻姑在此，也是其中的原因之一。

麻姑仙境

水 帘 洞

南岳衡山之景有八绝，水帘洞就是其中一绝。

自南岳镇向东北行约4公里，入曲折小径，过石桥，沿溪行百步许，便是水帘洞，它位于紫盖峰下南岳镇水濂村。据《一统志》、《福地志》记载，水帘洞古名叫朱陵洞，唐朝人称之为"紫盖仙洞"，道家称之为"朱陵洞天"。洞夹在吐雾峰与香炉峰两峰之间，水源来自紫盖峰。紫盖峰的泉水分支从石壁上喷涌而下，泻珠溅玉，银光夺目，三支泉水汇集一起，流入水帘洞上方的谷地，水满溢出，垂直下泻，发出雷鸣般的轰响，形成高达60余米的瀑布，宛如一幅水帘悬挂九天，故名水帘洞。每逢丽日当空，水帘前更是五彩斑斓，飞虹闪耀。水帘绝壁下的碧潭、天上的云彩和两边苍翠的山峦，构成一幅美丽的山水画，故有"水帘洞之奇"的称誉。明朝张居正有诗赞道："误疑瀛海翻琼浪，莫拟银河倒碧流。自是湘妃深隐处，水晶帘挂五去头。"这首诗可以说写出了水帘洞的光、声、影三绝的奇景。水帘洞右边有雪浪亭，因水帘瀑色如雪，声如激浪得名。

朱陵洞天

水帘洞古名为朱陵洞，相传是朱陵大帝居住的地方。道家认为它是道家的"第三洞真虚福地"，乃"朱陵太虚小有之天"，简称"朱陵洞天"，相传历来是神仙居住的洞府。

衡山水帘洞

水帘洞石刻

　　水帘洞存有50余处古代石刻，多为唐宋以来至此赏瀑的名人所作。有宋代的"南岳朱陵洞天"，清代的"夏雪晴雷"、"醉眠观瀑"等，景优字美，以人文伴自然风光，独到有佳。

金龙玉简

　　金龙、玉简是明建文帝时的两种物件。投金龙玉简于名山洞府，是古代求吉祥避灾祸的一种祭祀仪式。《南岳志》载，738年，唐玄宗曾派人从京师专程到朱陵洞投放过金龙玉简。

祝　融　峰

祝融峰

祝融峰是南岳衡山七十二峰之一。据新编《南岳志》载：祝融峰，海拔1289.8米，是南岳衡山七十二峰的主峰和最高峰，与紫盖峰、芙蓉峰、石廪峰、天柱峰最为有名，而祝融峰又位列第一。唐代韩愈有诗云："祝融万丈拔地起，欲见不见青烟里"，清代湖南学者黄本骥也有《登祝融峰顶诗》："祝融去天一尺五，叫开阊阖共天语"，都形象地描写了祝融峰的高峻、雄伟。登衡山必登祝融，因为"不登祝融，不足以知其高"。

祝融峰的命名与火神祝融有关。相传人类在发明钻木取火后却不会保存火种，黄帝就任命大臣火神祝融做管火的火正官，祝融为人类保存了火种，他就住在衡山，死后又葬在衡山，人们为了纪念他对人类的重大贡献，便将衡山的最高峰命名为祝融峰。古语中，"祝"是持久，"融"是光明，意为让他永远光明。祝融峰峰顶有祝融殿，殿西有望月台，祝融峰南有上封寺，寺旁有雷池，祝融峰附近寺庙林立，景物各有千秋。

祝融殿

祝融殿又名老圣帝殿，是建在衡山最高峰祝融峰绝顶一块巨大岩石上的一座宫殿，因殿内祭祀的是火神祝融而得名。民间称其为南岳圣帝。殿宇以石墙铁瓦建成，原是道教著名庙宇。

上封寺

上封寺位于祝融峰南，它的正前方是南天门，后边的山上有观日台，其旁有一石碑，上刻有"观日出处"四个大字。雨后初晴，在此处还可看到"一轮红日滚金球"的奇景。

雷池

雷池位于祝融峰上的上封寺旁，是一个面积不足4平方米，深不到0.33米的小石池。传说每当峰顶雷霆怒发时，池上就会金蛇乱闪，暴雷炸裂，池畔小穴就会烟雾缭绕，涛声阵阵。

祝融峰

回 雁 峰

　　回雁峰位于湖南省衡阳市回雁峰景区湘江之滨，海拔96.8米，总面积63 200平方米，是南岳七十二峰从南到北的首峰，因而又有"南岳第一峰"的称号，亦有南岳进香自第一峰开始之说。美丽的古城衡阳也因此峰被冠以"雁城"之雅称。回雁峰与祝融峰、天柱峰、岳麓峰等同负盛名。回雁峰脚下有烟雨池、"上达"牌坊，西北山坳有净水池，山中有回雁阁，山顶有回雁亭。

　　已有1400多年的古刹雁峰寺坐落于回雁峰上，它与花药寺、西禅寺、罗汉寺并称为衡阳佛教禅宗四大寺院，历代高僧禅师都曾在此传经布道，寺内还设有"寿佛殿"。每逢朝寿佛日，雁峰寺香火鼎盛，热闹非凡，真可谓山不在高，有仙则灵！

　　回雁峰虽不高，但因历代名人如王勃、杜甫、刘禹锡、柳宗元、王安石、文天祥、范仲淹等到此都留有赞誉它的佳句，再加上北宋大理学家周敦颐成长于此，明末清初的大思想家、哲学家王船山出生于回雁峰下的王衙坪，故而名扬天下，真可谓文因景成，景借文传！

回雁峰名字的由来

　　关于回雁峰的名字，有两种说法：第一，因回雁峰的山形极像一只鸿雁伸颈展翅欲腾空而得名；第二，因传说冬天一到，北雁南来到此越冬，待来年春暖又飞回北方而得名。

回雁峰景区

　　回雁峰景区位于湖南省衡阳市，是集锦式的古典园林。整个景区设施完善，布局巧妙，风景如画，流连于此会令人心旷神怡。景区现已为市级重点文物保护单位、国家AAA级旅游区。

朝寿佛

　　朝寿佛是衡岳一带的民俗，时间为每年的农历二月初八，地点是雁峰寺"寿佛殿"，目的是为寿佛庆寿，为家人祈福。每到这日，各地善男信女齐聚于此，香火鼎盛，热闹非凡。

衡山顶峰

回雁峰

莲 花 峰

　　莲花峰是衡山"青天七十二芙蓉"之一。你可不要认为莲花峰是一座孤立的山峰，它可是由多个峰头共同组成，可谓群峰簇立，堆根叠瓣，状似一朵盛开在天地之间的巨型莲花，因而得名为莲花峰。莲花峰的景色以"深"著称，具体表现在小路如肠，林密山深，重峦叠嶂，浓荫蔽日，深不见底。莲花峰还可谓山中的隐者，有王船山先生所言为证。王船山先生说，从湘江中望南岳，九向九背，白石峰、岣嵝峰、祝融峰、天柱峰不时可见，却看不到莲花峰。这就足以说明，莲花峰这朵"南岳之花"，真的是一位低调的隐者，虽隐但不失为精英。

　　莲花峰不仅山深林密，而且奇花异草，飘香沁脾，烟云缥缈，流泉婉转，还是建寺的好地方，著名的方广寺就建于莲花峰的"花心"中，"方广寺之深"那

衡山标志

可是南岳四绝之一，这与它建在山深林密的莲花峰上是密不可分的。

"青天七十二芙蓉"分布情况

"青天七十二芙蓉"散布在衡阳、衡山、衡东、长沙、湘潭诸县市，方圆八百里，以最高峰祝融峰为中心，峰前十六峰，峰后十三峰，峰左十二峰，峰右十九峰，峰东六峰，峰北四峰，峰南一峰。

同名的莲花峰

广东有莲花峰，位于广东省潮阳市练江入海口处，属海洋性气候，冬暖夏凉，四季如春；安徽有莲花峰，位于安徽省黄山市黄山区境内，是黄山最高峰，也是华东地区第三高峰。

南岳四绝

南岳四绝即祝融峰之高、水帘洞之奇、方广寺之深、藏经殿之秀。

岣 嵝 峰

南岳峰顶日落

　　岣嵝峰又名勾头峰，位于湖南省衡阳县境内，距衡阳市区不过40公里，是南岳七十二峰之一，其山势高峻雄伟，海拔高达1106米。

　　由于岣嵝峰年平均气温在17.9℃，常年气温较周围城镇低7～8℃，并越往上走气温越低，因而，岣嵝峰是盛夏游人避暑消夏的好去处。又由于岣嵝峰年降雨量在1100～1300毫米，良好的气候和土壤条件，使岣嵝峰上古木千姿百态，奇花珍草香馥浓郁，自然景观亦极为可观。一座岣嵝峰就有各种植物1000多种，几乎囊括了整个湘南地区所有的树种，而且珍稀树种就有40多种，为此享有"湘南基因库"之美誉。再者，岣嵝峰上古迹遍布全山，人文景观也异彩纷呈。比如，山中有禹王殿，殿侧有禹王碑，禹王碑之古是南岳新四绝之一。还有禹居、禹床、禹泉、怪石、古木，令人叹为妙绝，上边还有嫘妃墓等。岣嵝峰是黄帝嫘祖莅临之圣地，大禹治水得法之地，更是当今游人旅游、避暑之胜地！难怪人们有这样的说法："南岳风光甲五岳，岣嵝归来不看岳"。

岣嵝峰为何又叫勾头峰

　　岣嵝峰又叫勾头峰是源于一个传说。据传大禹治水受挫，登此求神，遇一仙翁，得《金简玉书》而治水成功。仙翁感动鸣掌一击，岣嵝峰便勾了头再不上长，故岣嵝峰又叫勾头峰。

禹王碑

　　禹王碑是南岳四绝之一，与黄帝陵、炎帝陵一起被誉为中华民族的三大瑰宝。原碑于1212年最先发现于岣嵝峰，上刻有77个字，似蝌蚪，无人能辨，成为千古难解之谜，后被摹刻于岳麓山头。

岣嵝峰森林公园

　　岣嵝峰森林公园位于衡阳县境内，总面积约为20.7平方公里，森林覆盖率95%，是一个集森林旅游、避暑、疗养、假日娱乐休息、科普教育为一体的综合性森林公园。1995年，它被列为国家级森林公园。

芙 蓉 峰

芙蓉峰位于湖南省邵阳县塘田老街背后，与塘田战时讲学院旧址隔江相望。芙蓉峰从整体上来观看，形似一朵芙蓉，因而人们称之为"芙蓉峰"，它是典型的因形而得名的山峰。在峰脚下有宋代嘉定年间的摩崖石刻 "芙蓉峰"三个大字。这三个字是隶书刻成，浑厚有力，足见刻字工匠的深厚功底。字迹被涂成红色，远远望去，三个红色的大字格外耀眼，现已成为历史古迹。

芙蓉峰相对高度约600米，山不算高，但山势陡峭，山腰乱石杂陈，分不清山顶，只见一排不规则的巨石矗立在空中，就像百余仙人在此聚会。山顶有石凳、石桌，相传是仙人坐过的地方，因而又称仙凳、仙桌。远望芙蓉峰，晴时则峰形清晰，一片浓翠；阴雨则山色迷茫，云雾缭绕，更多了几分仙气。芙蓉峰脚下有夫夷江，据《新宁县乡土志》记载，夫夷江原名"夫彝江"，东晋安帝元兴年间，臣子桓温为避其父桓彝之讳而将其改称为"夫夷江"。芙蓉峰与夫夷江相互映衬，相得益彰，真可谓山因水而秀，水因山而美啊！

浙江芙蓉峰

浙江芙蓉峰距金华城区7公里，《方舆纪要》载："孤山突起，秀若芙蓉"，故得名。明代杜桓有诗云："长山直下小尖峰，一朵芙蓉植半空。雨霁袭衣岚气湿，春深照眼翠光浓。"

芙蓉峰山腰

黄山芙蓉峰

　　安徽黄山芙蓉峰位于黄山北端，海拔1335米。山势挺拔秀逸，形若芙蓉出水，故名芙蓉峰。芙蓉峰秀色迷人，据说曾让唐代大诗人李白乐而忘返。峰南有芙蓉岭，下有白马源、白马溪等。

塘田战时讲学院旧址

　　塘田战时讲学院旧址位于邵阳县塘田寺镇对河村夫夷河畔，是1938年吕振羽受中共委派负责创办的一所军政大学，用以培养抗日战士，被誉为"南方抗大"，现为全国重点文物保护单位。

烟　霞　峰

　　烟霞峰属南岳衡山七十二峰之一，它在南天门的右侧，与碧萝峰相连。绕过祥光峰，从北面向山后望去，矗立在南天门屏岫上的几个高峰，顶点历历可指，唯烟霞峰挺出诸峰之上，就好像峰群中的塔一般，傲然矗立，满面春风。即便在大晴天里，遥望耸立突起的烟霞峰，峰上仍云雾缭绕，烟霞峰因而得名。《湖南通志》载："烟霞远望，浮动可爱。"也足以说明这一点。烟霞峰后的半山腰有懒残岩、烂柯岩、净瓶岩、凌霄坛、高明台等古迹，还有宋人石刻、李邺侯手书、韩愈诗句石刻等，笔力刚劲。烟霞峰前面的半山中有近百亩的小平原，也有一些古寺，其中兜

衡山雪景

率寺侧有邺侯的"端居室"，竹林寺旁也有懒残岩，传说此处为李邺侯听懒残诵经之地。懒残岩周围有许多明代石刻，其中靠山岩的两块"福"、"寿"石刻，最为人瞩目。峰上还有懒残泉，虽水面不大，但流量充足，一路奔泻下来，经麻姑桥出谷，为半山亭一带居民饮用和灌溉的水源。

碧萝峰

碧萝峰亦属南岳七十二峰之一，地处南天门右侧，与烟霞峰为邻，海拔1148米，因峰上多石，石上藤萝缠附，漫山泛碧而得名。如今，峰上磐石依旧，但其上已不再有藤萝缠附，故名不副实。

光绪《湖南通志》

光绪《湖南通志》始修于同治七年（1868年），总纂诸人依次为曾国荃、郭嵩焘、李元度。全书正文总为15志，每志下分若干目，加卷首、卷末共316卷，约500万字，被誉为湖南"百科全书"。

李邺侯

李邺侯，即李泌，唐大臣，官至宰相，封邺县侯。"端居室"即肃宗为其建，后人称之为"邺侯书院"，可谓最早的私人藏书馆。

烟霞峰

朱　明　峰

　　朱明峰也属南岳衡山七十二峰之一，它在岳庙之后，华严峰下，海拔321米。据有关志载：元世祖"尝感异兆"，认为朱明峰有"王气"上升，具篡逆之嫌，便派人挖断山脉走向，以绝"龙脉"，并将近侧岳龙桥易名为"绝龙桥"。明代管大勋也曾著文说：元王朝认为朱明峰有王气，命人于岳庙后挖一条人工溪涧，引络丝潭水流经庙后，以切断朱明峰的"龙脉"。谁知"王气"、"龙脉"终未断绝，结果元朝还是被朱元璋的明朝给取代了，可谓正应了"朱明"谶语，朱明峰也因此得名。户部尚书刘尧梅祀岳，认为山脉被斩，"郁而不畅"，有伤风水，就让时任衡州副使的管大勋着其"留意"修复。管大勋于万历十年（1582年），完成"填接后龙"工程，又将"绝龙桥"改名为"接龙桥"，如今已是桥毁涧塞了。

　　朱明峰下还有一洞，相传为邝仙修炼成仙的地方，据说从邝仙进洞以后，就再没出来过。此洞传为南岳前洞，并被道教列为第七洞天，故有一说，朱明峰就是从朱明洞派生而来的。

管大勋

　　管大勋，明代湖广提学副使，石鼓书院内的禹碑亭是其所建。1581年，他把从岳麓山摹下的禹碑碑文拓本翻刻在石鼓书院内，为护碑而建亭。万历七年（1579年）还刻《世说新语》3卷。

鸟瞰衡山七十二峰

元世祖

元世祖（1215—1294），即孛儿只斤·忽必烈，蒙古族，元朝的开国皇帝，在位35年，1294年病逝，谥号圣德神功文武皇帝，庙号世祖。

朱元璋

朱元璋（1328—1398），汉族，出生于赤贫的农家，明朝开国皇帝，国号大明，年号洪武，在位31年。统治时期被称为"洪武之治"，庙号太祖。

朱明峰

穿岩诗林

衡山忠烈祠

　　穿岩诗林位于湖南省衡阳市忠烈祠至半山亭的登山公路东侧一带的香炉峰山腰，是1988年新开辟的景点。这里乱石嶙峋，绝壁峭峙，又有相互穿连的几十个大小不等的天然石洞。为此，1986年，南岳管理局依照这里特殊的地形及石貌，将它们赋予了不同的造型，除了有仙鬼、动植物等造型外，还将唐宋以来40余首讴歌南岳衡山的诗词凿刻在洞壁上，俨然一片诗的世界。有关部门又在各洞之间铺就了一条石板路，使洞洞相连，"穿岩诗林"也便因此得名。

　　穿岩诗林的整体构思在一个"趣"字上，它是一个集石趣、洞趣、诗趣于一体，自然景观与人文景观于一处的好地方。在周边如苦乐岩、遇仙亭、鱼龙石、恋人石、飞来石、人头石、仙人灶、仙人壶、小西天等景观的烘托下，它可谓奇幻多姿，乐趣无穷！加之香炉峰经常云雾缭绕，如炉中焚香，青烟袅袅，这更增加了它的几分神秘。据《南岳志》记载，晋朝道士陈兴明曾在此修炼18年，最后遇仙升天，所以穿岩诗林还有神仙"迷宫"之称。

香炉峰

香炉峰地处湖南衡阳市，位于半山亭东，忠烈祠北，海拔750米，因峰形似香炉，故得名。香炉峰是南岳衡山七十二峰之一，山上怪石嶙峋，有飞来石、穿岩诗林、小西天等众多"趣味"景观。

飞来石

飞来石在中国有许多，这里所要介绍的飞来石是位于香炉峰的半山腰上，因这块巨石飞架于两块竖立的大石头之上，高两丈有余，看上去如悬空而起，所以俗称其为"飞来石"。

小西天

小西天这一景观位于香炉峰峰顶，由几块巨石组成，人物形象栩栩如生，极像唐僧带着孙悟空、猪八戒、沙和尚还有白龙马去西天取经，因而得名"小西天"。游后让人感到奇趣无穷。

穿岩诗林

龙 凤 溪

龙凤溪位于南岳七十二峰中紫盖峰与祝融峰之间的峡谷中，发源于祝融峰北麓，距广济寺北约1.5公里。龙凤溪常年流淌于绿林之中，且有溪水倒流景致，是一条充满神奇色彩的溪流。溪长大约有5000米，大部分穿流在原始森林之间，从花岗岩间淌过，其溪势险峻，当地村民相传这里是龙王取水的地方，所以村民们一般都不涉足这个峡谷，也因为这样，峡谷保存了较为原始的生态环境。

我们知道，祝融峰是南岳七十二峰中的最高峰，而紫盖峰也是南岳七十二峰中五大著名山峰之一。山峰的高耸，山势的险峻，给龙凤溪大起大落地奔流造成了有利条件，加之祝融、

祝融峰峡谷雪景

喜阳、金简、紫盖诸峰北泻的山泉水汇集于此，更为龙凤溪大造了声势。为此，十里长溪竟出现了14处瀑布奇观，其中落差最大的一处竟高达260米，比举世闻名的黄果树瀑布还要高。瀑布自高处倾泻而下，蔚为壮观，汇聚成潭，名曰龙凤潭，潭水深不可测。潭内有娃娃鱼可赏，谷中有翩翩蝴蝶可观，泉水叮咚入耳，真是充满了大自然的神奇和野趣，令人忘返。

南岳著名的五大山峰

南岳衡山共由72座山峰组成，人称"青天七十二芙蓉"，其中高峰有5座，它们分别是：祝融峰、紫盖峰、芙蓉峰、石廪峰、天柱峰。最高峰是祝融峰，其次就是紫盖峰。

紫盖峰

紫盖峰是南岳七十二峰中的第二高峰。因其形嵯峨似麾盖，又因云雾缭绕，峰顶状如紫霞覆盖而得名。紫盖峰上有鹤鸣台、天宝台、翠鹿台、朝天坛等古迹。

黄果树瀑布

黄果树瀑布位于贵州安顺市镇宁布依族苗族自治县境内的白水河上，在18个瀑布中属规模最大的一个，高77.8米，宽101米，因当地常见植物"黄果树"得名，现已列入世界吉尼斯纪录。

龙凤溪

藏 经 殿

湖南衡山藏经殿

　　藏经殿位于南岳衡山七十二峰之一的祥光峰峰腰腹处，为南朝慧思禅师始建，原名"小般若禅林"，后因明太祖朱元璋赐《大藏经》一部，存放寺中，故改名为藏经殿。明万历年间因火灾被毁，后又两复两废，直到1934年再次修复，才使古寺重现荣光。

　　藏经殿是一座红墙琉璃瓦单檐翘角的宫殿式建筑，占地面积千余平方米，虽只有一栋殿宇，但飞檐画栋，石柱雕楹，不失为富丽堂皇。

　　殿内油漆彩画，技艺精湛，方中有圆，雕刻生动，泰国华人黄彰任夫妇赠送的毗卢遮那佛像又为殿宇增添了无尽的光彩。殿外古迹多多，如无碍林、钓鱼台、梳妆台、灵田、美女泉等，都伴有一段美丽的传说。殿周围比较完整地保存着亚热带山地常绿阔叶混交的原始植被，足有百余亩，每当春夏之交，杜鹃花开遍山间，红遍山野，还有殿前的摇钱树、同根生、连理枝，被誉为古树三珍，殿后的白玉兰树龄近500年，树高数丈，花香沁人心脾。

常听南岳人说："不到藏经殿，不知南岳秀。"藏经殿之秀不愧为南岳四绝之一。

小般若禅林

小般若禅林为藏经殿原名。传说慧思在掷钵峰建寺，又善讲《般若经》，故寺以"般若禅林"命名。后离众，选祥光峰创建了一座小寺院，名曰"小般若禅林"，即今日藏经殿前身。

梳妆台

梳妆台位于无碍林中，是一座六角形石砌凉亭，又名梳妆亭，亭中有一块汉白玉石屏，中间磨成椭圆形，光洁如镜。相传明桂王母亲陈太妃到此地避难时，每天在此梳妆，故名梳妆台。

灵田

灵田位于梳妆台下面两个小峰间，这里有一处山凹。每当秋夜，飞光如烛，可照见古殿轮廓，疑似"鲁殿灵光"，实是萤虫聚舞所致，人们又称之为"萤火虫朝圣"。

南 岳 庙

　　南岳庙占地面积达98 500平方米，主体建筑共分九进，依次为牌坊、古戏台、正川门、御碑亭、嘉应门（地方官在此迎接从京城前来巡视的官员）、御书楼、正殿、寝宫及北后门。由此可见，它规模之宏大，建筑之精美，结构之完整，布局之周密，实属罕见，因而成为中国南方和五岳中最大的宫殿式古建筑群，有"江南第一庙"、"南国故宫"之称，与山东泰安岱庙、河南登封中岳庙并称于世。

　　南岳庙最早建于唐代初年，后来经6次大火和唐、宋、元、明、清16次修缮扩建，于光绪八年（1882年）才形成现在的规模。

　　大庙坐北朝南，四周围以红墙，角楼高耸，林涧山泉，绕墙

南岳庙

流注。从庙东属道教的8个道观，庙西属佛教的8个寺院，加之御书楼等建筑可知，南岳庙是佛、道、儒三教并存的寺庙。殿内外共有72根石柱，象征着南岳七十二峰，正殿又称圣帝殿，供奉的是南岳司天昭圣帝，即祝融火神。

2006年5月25日，南岳庙被国务院批准列入第六批全国重点文物保护单位。

山东泰安岱庙

山东泰安岱庙位于山东省泰安市区北，泰山的南麓，俗称"东岳庙"，始建于汉，是泰山最大、最完整的古建筑群，泰山人文景观之一绝。

河南登封中岳庙

河南登封中岳庙位于河南省登封市嵩山东麓的太室山脚下，始建于秦，占地面积为10万平方米，是河南省规模最巨、最完整的古建筑群，具有明清官式建筑规模格局和风格特点。

三教并存的来历

据说南岳圣帝祝融最早居住在祝融峰顶，受高僧慧思指点搬至峰脚下，故香火旺盛。他为感谢道家过去对自己的礼奉以及慧思给他带来的好处，决定让佛、道两家弟子分居在其新居的两侧。

南岳庙

半 山 亭

衡
山

　　半山亭位于南岳衡山七十二峰之岳麓峰半山腰处，从南岳庙后门沿登山公路穿过忠烈祠便是半山亭，旧称浩然亭。由于它恰好处在南岳区和祝融峰的中间部位，上下各为5000米，因此得名。也因此，游人往往走到这里都有累的感觉，所以上下山的游人也常常驻足在这里小憩。

　　据传，半山亭的前身是半云庵，是由一名烧火僧人写了一首以"半"字为题的诗而得名，后半云庵废弃，"半字诗"却传了下来。

　　半山亭是一座殿堂式彩檐高翘、青瓦铺就的六边方形单檐古亭，美丽而古雅。它始建于齐梁年间（480—557），在清代曾被改名为观，取名玄都观，观内还有宋徽宗赵佶题的"天下名山"的匾额。我们现在看到的半山亭是1981年重建的，亭虽重建，但景色依然。坐在半山亭中一边休息一边看

岳麓山爱晚亭

风景是一件非常惬意的事。这里的风景，最引人注目的就是半山亭周围那些风情万种的参天古松了，它们的枝干一律朝南，就仿佛在向游人频频招手一般，其实，这并非是它们真的有情，而是长年被北风吹刮的结果。

岳麓峰

岳麓峰又叫岳麓山，位于湖南长沙市湘江两岸，属南岳衡山七十二峰之一，海拔虽只有300.8米，但山清水秀，名胜古迹众多，禹王碑、爱晚亭、岳麓书院等皆坐落于此，是国家级重点风景名胜区。

烧火僧人与半云庵

据传，半山亭最早为半云庵时，麓山寺有一名烧火的僧人写了一首以"半"字为题的诗，不经意间传至住持方丈处，方丈十分欣赏，自此不再让他烧火了，而授以佛经，让他日夜持诵。

半字诗

半山半庵号半云，半亩半地半崎嵚。一山茅块半山石，半壁晴天半壁阴。半酒半诗堪避俗，半仙半佛好修心。半间房舍半分云，半听松声半听琴。

上 封 寺

衡山上封寺

上封寺位于南岳衡山七十二峰最高峰祝融峰下方500米处，是衡山最高的寺庙，海拔1000多米，也是衡山最早的古刹之一，占地面积约为298 733平方米。

上封寺建于隋朝大业年间（605—608），距今已有1400多年的历史。它原是一座道观，隋初为道教第二十二福地，大业年间，隋炀帝赐"上封寺"名，自此改"观"为"寺"并沿革至今。上封寺属三进建筑，因地处高寒山区，故全部为石墙铁瓦。走近上封寺，首先看到的是山门下的花岗石牌坊，牌额用汉白玉刻"上封寺"三个大字，然后是山门，其为半圆形花岗石石墙，上有"刺建上封寺"门额一方。过山门后，主要的佛教建筑依次为天王殿、大雄宝殿、记法堂、藏经楼、观音殿、弥陀殿等。寺内有"敲冰破冻，千古奇石"八字石刻。寺右上为观日台，左上为祝融峰，峰上有祝融殿、不语岩、"金龟朝圣"巨石、罗汉洞、会仙桥等景观。寺后为一片古林，林后有望日台。上封寺基本上没有废而兴、兴而废的大起大落现象，一直香火不断。

道观

道观即道士修炼的地方，也称庙，与佛教的庙性质相似。因道士修炼需要安静，所以，绝大多数道观都建在风景优美的山林中。我国著名的道观有北京白云观、河北承德魁星楼等。

汉白玉

汉白玉是一种晶莹洁白的大理石，色白纯洁，内含闪光晶体，给人一尘不染和庄严肃穆的美感。汉白玉的产量占整个大理石产量的30%左右，多作为雕塑人像、佛像等。

寺、庵、观、祠

寺乃佛教庙宇的统称，即指和尚的住所；庵为尼姑所住之处的统称，如尼姑庵；观或宫观是道教庙宇的统称，为道士修炼的处所；祠是为纪念伟人名士而修建的供舍，相当于纪念堂。

上封寺

45

祝　圣　寺

衡
山

祝圣寺位于湖南省衡阳市南岳区南岳镇东街，是南岳六大佛教丛林之一，也是南岳最大的一座佛教丛林，占地为3万平方米。

祝圣寺始建于唐玄宗天宝初年，由一位被尊为净土宗第三代祖师的僧人承远（712—802）所建，因承远又名弥陀和尚，所以寺的初名为"弥陀台"。后弥陀台经历了多年的沧桑变幻，终于在清康熙五十一年（1713年）定名为祝圣寺，沿用至今。

祝圣寺坐北朝南，均为砖木结构，共五进，依次为山门、天王殿、大雄宝殿、说法堂、方丈室。主体建筑风格为单檐硬山顶，墀（古代殿堂上经过涂饰的地方）头施彩塑，前后出廊，上由琉璃瓦或小青瓦铺就，寺周石墙环绕。山门为三重楼阁式牌楼

云南大理祝圣寺碑林

建筑，庄严雄伟而壮观，额上有"祝圣寺"三个大字。山门对面为五龙照壁。祝圣寺最有特色的建筑和雕塑是罗汉堂的罗汉像石刻，初有500多尊镶嵌壁上，是由寺内一僧人心月用3年时间刻成，可惜毁于一次劫难，现存只有100多尊。

1983年，祝圣寺被国务院确定为汉族地区佛教全国重点寺院。

云南祝圣寺

云南祝圣寺位于云南大理白族自治州宾川县境内的钵盂山下，始建于明嘉靖年间，保存了明清禅宗寺庙建筑的格局，是我国西南历史悠久的佛教圣地，中国著名的宝刹之一。

南岳六大丛林

南岳六大丛林分别是：祝圣寺、被称为"天下法源"的南台寺、掷钵峰下的福严寺、祝融峰下的上封寺、莲花峰下的清凉寺（一说方广寺）、邺侯书院附近的大善寺（一说为铁佛寺）。

照壁

照壁，旧时又称萧墙，是中国传统建筑特有的部分，相当于屏风，多在大门内外，少在大门两侧。作用为挡住小鬼来访，因说小鬼只走直线，不会转弯，可见，照壁是迷信思想下的产物。

方 广 寺

  方广寺位于衡山七十二峰之一的莲花峰的"花心"上。莲花峰之景以"深"著称，因而，"方广寺之深"便自然成了南岳衡山四绝之一。方广寺山深、林深、路深、水深、寺深、文化渊源深，故有古人称："不登祝融，不足以知其高；不至方广，不足以知其深。"寺名为方广，寓佛法"十方广布"之意。

  据《南岳志》记载，方广寺始建于南朝503年，距今已有1500多年的历史。此处还有着"五龙听经，平沙献地"的传说。方广寺也是南岳衡山最早的寺庙之一，同其他著名寺庙一样，方广寺也是屡兴屡废，尤其在明万历四十七年（1619年）毁于一场大火。今天看到的方广寺，是由曾任陕甘总督的曾国荃，耗资白银两万余两重新修建的。它的紫色山门特别醒目，寺内挂有宋代古钟一口，正殿中原有宋徽宗写的"天下名山"金匾，寺前有条小溪，寺左有因瀑布注入而成的深不见底的石涧潭，寺外有二贤祠，寺周古木参天。立于寺中，溪声、松声、鸟声、蛙声、虫声，声声入耳，大有返璞归真之感！

慧海

  慧海，明末清初临济宗僧，今湖北人，俗姓谢，字水鉴。他是最早到达南岳的僧人之一，使佛教入驻了南岳。佛教虽比道教迟约200年，但僧寺却比道观多五六倍，可见佛教在南岳之盛。

衡山寺庙

"五龙听经,平沙献地"传说

据《南岳志》载,一天,慧海在峰上诵经,忽来了5位南岳山中的龙神求见,说若允许其听经学佛,就献一平地与之建寺,慧海允,平地出,慧海在此建了寺,这就是方广寺。

二贤祠

二贤祠中的"二贤"即指南宋理学家朱熹和湖南提刑张栻。1167年冬,二人来南岳,共作诗149首,其中1/3写于方广寺,为纪念他们,便在方广寺旁建了二贤祠供之,让他们永享儒家的香火。

方广寺

南 台 寺

南台寺位于湖南省衡阳市南岳区，地处衡山七十二峰之一的瑞应峰下的三生塔南面。因地处山阳，故称"南寺"。它是曹洞、云门和法眼三宗的共同祖庭，素有"天下法源"之称。

南台寺由海印和尚建于梁天监年间，是南岳十大佛教丛林之一。寺后左侧的南山岩壁上，有一块如台般的大石头，据说当年海印常打坐念经于其上，故后人改称"南台寺"。

南台寺为四进结构，一进为山门，挂"古南台寺"匾额；二进为弥陀殿，正门前有"南台禅寺"门额；三进为佛殿；四进为法堂、祖堂、云水堂。寺中大小房舍百余间。南台寺不仅规模宏大，且名声也很大，这不仅因它建寺比福严寺早几十年，也不仅因日本高僧梅晓和尚赠《藏经》一部于此，更重要的是该寺在唐末出了一名高僧——石头希迁禅师。

南台寺周边古木繁茂，水杉林树高达20余米。通往南岳镇的一条石板路，有石

南岳寺庙外雪景

蹬百余，路是大坡，而有如天梯架于石壁上，故名天生蹬。山坡下有"金牛石"等景观。

1983年，南台寺被定为汉族地区佛教全国重点寺院。

瑞应峰

瑞应峰属南岳衡山七十二峰之一，在掷钵峰东南侧，海拔只有602米。山上茂松修竹，苍翠飞烟，著名的南台寺就建于此，寺后为三生塔。峰顶有我国江南规模最大的高山金刚舍利塔等景观。

三生塔

三生塔即指慧思死后所建的墓塔。针对慧思来说，他有前一生、第二生和现在的一生，共三生。相传慧思死后的三生遗骨都藏在瑞应峰下面的墓塔里，因此，称这一墓塔为三生塔。

石头希迁禅师

石头希迁(700—790)为中国唐代禅宗僧人，名希迁，号石头和尚，俗姓陈，是明僧惠能的门徒，南宗两大系之一青原系的重要人物，圆寂后被藏于南台寺下方，墓为三生塔。

南台寺

51

福 严 寺

福严寺

福严寺位于湖南省衡阳市南岳区，地处南岳衡山七十二峰之掷钵峰东麓，由高僧慧思和尚创建于六朝陈代光大元年（567年），因慧思擅讲《般若经》，故寺名为般若禅林，又名般若寺。般若寺是佛教十大丛林之一，也是南岳最古的名刹之一。到了唐代713年，佛教禅宗七祖怀让和尚来南岳后，把般若寺辟为道场，宣扬"顿悟法门"之学说，天下寺僧以该寺为传法的佛院，为此般若寺又称"天下法院"。宋朝时，因僧人福严增修寺院，遂改名为福严寺，并沿用至今。

福严寺依山而建，占地为2600多平方米，整体建筑是砖木结构，五进式，依次为山门、知客堂、岳神殿、大雄宝殿、祖堂。

山门的横额处刻有"天下法院"四个大字，两边楹联分别为"六朝古刹"、"七祖道场"。福严寺周边是古藤老树，修竹掩映，寺右侧有一棵树龄已有1400多年的古银杏树；寺的下方有金鸡林，林后有高明台，东有三生塔、虎跑泉，北有磨镜台等古迹。福严寺与南台寺、祝圣寺、上封寺并列为"南岳四大名蓝"，现为全国重点寺院。

掷钵峰

掷钵峰位于湖南省南岳衡山七十二峰之一，海拔810米，峰以慧思应召去京掷钵的传说而得名。峰上古藤老树纵横，古迹也众多，如福严寺、磨镜台、虎跑泉、隐身岩等皆在此峰。

高僧慧思

慧思(515—577)，俗姓李，豫州武津(今河南省上蔡县)人，为般若寺即今福严寺的创建人，世称"南岳大师"，被尊为天台宗第三祖。他15岁出家，发心习禅，严守戒律，弟子众多，名噪一时。

怀让和尚

怀让(677—744)，金州安康(今陕西省汉阴县)人，高僧慧能之徒，被尊为佛教禅宗第七祖。怀让得法后入住南岳般若寺（今福严寺）30余年，大阐宗风，宣扬"顿悟法门"，其最杰出的弟子是道一。

广 济 寺

　　广济寺又称毗佛洞，地处南岳衡山芙蓉峰后，居紫盖峰和祝融峰之间的峡谷平地上，距南天门东约4000米，占地约1333.2平方米，由明朝名僧无碍和尚始建于明神宗万历二十五年（1597年），初名清淳寺，后其弟子改名为广济寺，取佛法广济众生之意。广济寺历经几十年，直到清康熙五十七年（1718年）才成为今天这样的规模。

　　广济寺整体建筑为青砖砌成，石柱为花岗岩材质，建筑属二进式，寺内曾供奉毗卢遮那佛，因而广济寺又称毗佛洞。它因建在三面环山的峡谷中，故只有两个月左右是晴朗的，日出时常出现彩虹，其余时间均云雾缭绕，为此，寺周边的岩石上是古藤蔓生，青苔覆盖。寺前有建于清康熙五十七年（1718年）的护龙桥，寺后有一片原始次森林，是南岳的重点风景林区之一。寺

寺内佛像

西北30多米处的小溪边有一株世界上罕见的珍贵古树——绒毛皂荚，500多米处有一岩石，上有唐代龙山道人刻的"禹王城"三个大字。寺南1500米处有龙凤溪。寺下有镇岳林、白牛庵、龙凤潭等诸多名胜古迹。

无碍和尚

无碍和尚是明代著名的僧人。据《南岳志》记载，无碍和尚早年由河南信阳来湖南衡山修行，偶见毗卢洞佛光，遂就此建庵，这便是广济寺的前身，无碍和尚也便成了广济寺的始建者。

毗陵茶

毗陵茶是南岳云雾茶中最负盛名的一种，产于广济寺一带，因这里除两个月左右为晴天外，其余皆云雾缭绕，温和的气候、肥沃的土地非常有利于茶叶的生长，故毗陵茶早在唐代时就成为贡品。

毗卢遮那佛

毗卢遮那佛是梵音，译成汉语即大日如来，"如来"即是"佛"的意思，大日如来是佛教密宗至高无上的本尊。佛有三身，大日如来是法身的象征，象征了世间宇宙的一切法皆由此出。

黄　庭　观

　　黄庭观位居衡山七十二峰之一的集贤峰下，白龙潭的东侧，属道教宫观，因中国第一个女道士魏夫人在此修道成仙而著名。

　　据《南岳志》记载：黄庭观始建于唐高祖武德元年（618年），是为祭晋代魏夫人而建。它的前身是魏夫人始建于东晋大兴元年（318年）的修真居室，距今已有1600多年的历史，曾用名为"魏阁"、"紫虚元君之阁"，宋朝徽宗赐名黄庭观，沿用至今。

　　黄庭观依山而建，占地423.5平方米。它经历朝历代多次修缮而成，整体建筑为木质结构，红墙、青瓦、红柱，属四进式，依次为山门、憩凉亭、过殿、正殿。山门为简朴的牌坊，其横额有"黄庭圣境"四个大字；憩凉亭亭门保存有清宣统元年（1909年）"山不在高"白石横额，两侧有"欲往西池谒王母，且来南

衡山石刻

岳拜夫人"的阴刻；过殿殿门横额为白底黄字的"黄庭观"；正殿殿门为"魏元君殿"金字横额。观外右侧有飞仙石，观周边有白龙潭及白龙潭水库等景观。

黄庭观开创了我国女道士修行的先例，虽不巍峨，却是南岳最古的宫观之一，也因魏夫人而享有很高的声望。

集贤峰

集贤峰属南岳衡山七十二峰之一，其左侧为云居峰，左前为岳王庙，峰下有白龙潭、黄庭观等古迹。集贤峰虽不是衡山七十二峰中的名峰，但却因魏夫人和黄庭观而声名远扬。

飞仙石

飞仙石原是魏夫人拜天的礼斗坛，一丈见方，下窄上阔，上有一双天然脚印，据说是魏夫人白日飞升留下的，传说飞仙石是王母乘云到此，一朵白云落下变成，现有"飞仙石"三字石刻。

白龙潭瀑布崖

白龙潭瀑布崖位于黄庭观右侧，崖高70多米，宽20多米，崖壁陡峭、险峻而光滑，每当雨季来临，春洪暴发，这里便有万顷洪流倾泻而下，轰然有声，如雷贯耳，形成白龙潭瀑布奇观。

黄庭观

九 仙 观

衡
山

山水风光

九仙观又名九真观，位于湖南省衡阳市，距南岳镇6.5公里，居于南岳七十二峰之香炉峰东面，吐雾峰西面，紫盖峰之下，它是新中国成立前，南岳范围内规模最大、道士最多、地产最富有的一所道观，被道家称之为"朱陵洞天之灵墟"。它始建于南朝梁天监年间（502—519），传说有9位道士在这里白日飞升成仙，故名九仙观。历史上著名道士张三丰就修炼于此。

九仙观建筑为灰砖青瓦，画栋雕梁，属三进式，依次为山门、过殿、正殿。山门为牌坊式建筑，有对联："九数寓重阳，扫尽阴霾乘浩气；仙胎来谷骨，剔除衾衣见元身"，很有气势。据《南岳志》记载，观内有明代铸造的铁钟一口，铜钟一口。观内后园有上千年的罗汉松一株，现已半青半枯，观右有一块天然岩石，上有"九仙飞升之坛"六字石刻以及"等我来"、"到此皆仙"等诸多石刻。

可惜的是，1958年，九仙观前建了水库，烟水苍茫，已不见了九仙观。可喜的是，1996年，南岳道教协会正着手筹备重建九仙观，九仙观的重现将指日可待！

朱陵洞天

朱陵洞是衡山水帘洞的古名，位于衡山紫盖峰下，相传是道教朱陵大帝的居所。它的周边是唐道教活动的地方，被当做洞天福地，故称"朱陵洞天"。九仙观就坐落于这片洞天福地上。

9位道士

9位道士分别为：邓郁之、陈兴明、施存、尹道全、徐灵期、陈惠道、张昙要、张如珍、王灵舆。这9位道士被称为"南岳九仙"或"九真人"。

张三丰

张三丰（1247—1458），本名通，字君宝，号玄玄子，是跨南宋、元、明三朝的著名道士，太极拳、武当拳鼻祖，武当派开山祖师，自称张天师后裔，著述很多，被后人编为《张三丰先生全集》。

金刚舍利塔

金刚舍利塔居于南岳衡山七十二峰之一的瑞应峰上，海拔600多米，它的前侧为南台寺。塔身建在花岗岩岩石上，占地面积为233平方米，塔高为48米，正式落成于1998年5月15日，当时海内外一万余名信士参加了这一盛事，可谓声势浩大。迄今为止，它是我国江南规模最大的高山金刚舍利塔。

塔的建筑是仿宋代风格，为砖石结构，阁楼式，分八面九层，八面即八方，加上下两方，共十方，九层即"九五之尊"，概括说，即取天上天下，十方世界，唯佛至尊之意，可见寓意之深刻！塔内有256级阶梯绕塔壁而上，但因舍利子贵为圣物，故一般只供朝拜，不供参观。这九层分别供奉的是：一层为缅甸玉佛，二层为药师琉璃光如来，三层为阿弥陀如来，四层为宝胜如来，五层为离怖畏如来，六层为广博胜如来，七层为秒色身如来，八层为多宝如来，九层为威德自在光明如来和释迦牟尼真身舍利。这第九层供奉的是经国家文物部门和中国佛协鉴定的两枚佛舍利，极为珍贵。

塔

塔是一种高耸型点式建筑，最早起源于古印度，主要作用是供奉或收藏佛舍利（佛骨）、佛像、佛经、僧人遗体等。后随佛教传入东方，便迅速形成了极具特色的中国阁楼式风格的塔。

衡山道观

舍利

舍利，中文译为灵骨，它可分为两类：一是法身舍利，即指佛教经典；二是生身舍利，即指佛祖圆寂火化后留下的遗骨和珠状宝石生成物。据说，只有虔诚奉佛悟道得法之人才会有，非常人可得。

九五之尊

九五，旧指帝王的尊位。古人认为，九在阳数（奇数）中最大，有最尊贵之意，而五却居中，有调和之意，因而，"九"、"五"在一起是既尊贵又调和，无比吉祥，因此象征帝王。

磨　镜　台

　　磨镜台位于衡山七十二峰之一的掷钵峰上，它是佛教禅宗南宗祖源，相传为唐代七祖怀让磨镜之地。

　　怀让为什么要磨镜呢？原来怀让大师为福严寺住持，有个江西和尚道一来南岳，并在福严寺旁搭草棚每日坐禅，一心想成佛。怀让有意要点化他，就在他旁边开始磨砖，以使道一和尚无法心静。于是道一就问怀让为何磨砖，怀让说是为了做镜。道一不解磨砖怎能成镜，怀让就用磨砖不能成镜，你坐禅也不能成佛点化了他，并告诉他说只要心中有佛，佛自然会随处可在。道一顿悟，拜其为师学法，后去江西开创了佛教禅宗洪州宗。自此，人们把怀让磨镜之处称为磨镜台，并镌有"祖源"二字。

　　磨镜台在南岳半山亭中心景区，离麻姑仙境约1000米。台旁古树盘桓，台前壑谷幽深，且有半山亭遥相对望，后有上山路，称"怀让路"，共206级石阶，并和七祖塔（即怀让墓）相邻，左有福严寺，附近还有龙舒桥、观音桥、麻姑桥、游泳池等遗迹。登其远望，南岳镇景色可尽收眼底。

马祖道一

　　马祖道一是唐代最伟大的禅师，胡适也称其为"中国最伟大的禅师"。他俗姓马，法号道一，今四川马祖镇人，12岁出家，是七祖怀让最杰出的门徒，南岳洪州宗的开创者，门下极盛。

洪州宗

　　洪州宗为唐代禅宗两大派系之一，因道一一向在洪州（江西南昌县通称）大扬禅风而得名。此派以道一之法系为正系，下开临济、沩仰二宗。

麻姑桥

　　麻姑桥位于半山亭与磨镜台之间，之所以叫麻姑桥，是因为魏夫人的侍女麻姑仙子送魏夫人至此而得名。麻姑桥两旁是悬崖绝壁，桥下飞瀑倾注，是一处可观赏的景观。

福严寺

磨镜台

大 禹 碑

　　大禹碑又称禹王碑，碑上记录的是大禹治水的经过，是传说中在南岳衡山留下的最早文字。为此，"大禹碑之古"便与"麻姑仙境之幽"、"忠烈千秋之穆"、"南岳大庙之雄"并称为"南岳新四绝"。

　　大禹碑原碑于1212年最先发现于岣嵝峰（古代衡山又称岣嵝峰），因而又称岣嵝碑。据说大禹治水伊始，因不得法而几年都没能成功，后他听说黄帝曾把一部《金简玉书》藏于南岳，他知道这部书对治水有益，于是来南岳寻书，梦中他得一仙人指点找到了这部书，于是治水成功，之后便在岣嵝峰上刻了一块大碑，记载治水的经过。大禹治水三过家门而不入的故事可谓家喻户

南岳忠烈祠

晓，至于大禹碑究竟是大禹本人所竖，抑或为后人所托，千百年来，始终难以定论。

大禹碑宽140厘米，高184厘米，上刻有77个字，有如龙蛇行走，又似蜷身蝌蚪，无人能辨，成为千古难解之谜。甲骨文专家郭沫若曾钻研3年，也只识得3个字。大禹碑后来被摹刻于岳麓山头，与黄帝陵、炎帝陵同被誉为中华民族的三大瑰宝。

忠烈祠

忠烈祠位于湖南衡阳市，距南岳古镇4公里，居南岳七十二峰之香炉峰下。1942年建成，是当今中国大陆唯一纪念抗日战争阵亡将士的大型烈士陵园。1997年年末，被定为全国重点文物保护单位。

黄帝陵

黄帝陵古称桥陵，位于陕西省中部黄陵县城北的桥山顶上，是中华民族始祖黄帝轩辕氏的陵墓——衣冠冢，号称"天下第一陵"。1961年，国务院公布其为全国第一批重点文物保护单位。

炎帝陵

炎帝陵位于湖南省株洲市炎陵县城西19公里处的鹿原陂，是中华民族始祖炎帝神农氏的安息地，迄今已有千余年的历史。四进式，保持清代建筑格局，现为全国重点文物保护单位。

大禹碑

会 仙 桥

　　会仙桥位于南岳衡山七十二峰中最高峰祝融峰之巅的青云坛处，不语岩下方。岩下绝壁处有一大一小两块石头凌空而起，大石为小石的两倍，两石之间有石桥相连，桥极险窄，如有独木，游人多不敢过，偶有失足，便成千古遗恨，为此又名试心桥。明代李郁曾作《试心桥》一诗云："颓然岩石堕峰腰，下界烟云万丈遥。顾我未曾履艰险，扪心来过试心桥。"足以证明其险的程度。也为此，有人把"会仙桥之险"纳入南岳衡山新四绝中，这南岳衡山新四绝是包含"忠烈祠之穆"还是"会仙桥之险"，至今莫衷一是。那么，会仙桥名字是怎么得来的呢？据道家说，青玉坛是道家认为的第二十四福地，乃群仙聚会之所，会仙桥故名。明人卢仲田的《会仙桥》诗云："烂柯仙人久不来，一桥空对百花开。我来桥上寻遗子，云满空山月满台。"也是根据这一说法写成。

　　站在会仙桥，还可望见祝融峰一侧的景观——金龟朝圣，桥上还有"昔人曾此飞仙"、"爽心悦目"、"南山一境"等石刻。

青云坛

　　青云坛位于南岳衡山七十二峰最高峰祝融峰之巅，坛基是突兀峥嵘的一片大岩石，石上平坦无奇，可容数十人。据说，坛为乌青云所创，故名。它是道家认为的七十二福地中的第二十四福地。

南岳大庙

福地

福地为道家用语，指神道居住之所，为此，旧时常用福地称道观寺院。因为道士讲究静心修炼，因而，道观则选择在名山胜地。道家认为有七十二福地，后来多用福地比喻风景优美的地方。

"道"与"佛"简说

道和佛是两个相似又不同的宗教派别，"道"是本国文化，讲长生、无为、虚静，道徒称道士；而"佛"是外传文化，讲轮回、禅静，佛徒称和尚。两者都重视对"空"的阐发和体悟。

会仙桥

石鼓书院

人文景观

石鼓书院位于湖南省衡阳市石鼓区石鼓山，面积4000平方米，其右有蒸水，左有湘水，前有耒水，可谓景色优美。

石鼓书院是中国四大书院中创建最早，并具有确切史志记载的书院。创建始祖为衡阳秀才李宽，因书院当时建在衡州石鼓山（今衡阳市石鼓区石鼓山）而得名。997年，李士真拓展其院，作为衡州学者讲学之所，至宋代，曾分别被宋太宗、宋仁宗两度赐额为石鼓书院，为此名声大噪，进而步入石鼓书院的鼎盛时期，遂与睢阳、白鹿洞、岳麓书院并称全国四大书院，《文献通考》还把它列为宋代"天下四书院"之首。

石鼓书院是一座历经唐、宋、元、明、清、民国六朝的千年

学府，书院主要建筑有武侯祠、李忠节公祠、大观楼、七贤祠、敬业堂、合江亭等。可惜的是在1944年7月衡阳保卫战中它毁于日军炮火，我们现在看到的石鼓书院，是2006年仿清代石鼓书院格局重建的。

石鼓书院八景，景观优美怡人；石鼓书院七贤，文脉绵延千年。石鼓书院素享"衡湘洙泗"、"道南正脉"的美誉。

石鼓山名字的由来

石鼓山名字的由来共有三种说法，其中北魏郦道元《水经注》所载："山势青圆，正类其鼓，山体纯石无土，故以状得名"最为可靠。而石鼓书院因建在石鼓山，为此依山得名。

武侯祠

武侯即诸葛亮，因其曾被封为武乡侯，所以世称武侯。武侯祠原名武侯庙，是后人为纪念诸葛亮居住石鼓山督三郡军赋而建，后被迁移至石鼓山上李忠节祠旁，改名为"武侯祠"。

石鼓八景和石鼓七贤

石鼓书院八景为东岩晓日、西谿夜蟾、绿净蒸风、洼樽残雪、江阁书声、钓合晚唱、栈道枯藤、合江凝碧。石鼓书院七贤为李宽、韩愈、李士真、周敦颐、朱熹、张栻和黄幹。

衡阳抗战纪念馆

　　衡阳抗战纪念馆又名衡阳保卫战纪念馆，由清提督、振威将军陆成祖于光绪七年（1881年）始建，初名陆家新屋，衡阳保卫战就发生在这里。这个珍贵的历史遗址，尤其是新屋南向墙面的弹痕、弹洞，是难得的日本侵华的有力见证。2007年，衡阳市有关部门对陆家新屋深入开发，在此兴建了衡阳抗战纪念馆，以纪念那些在保卫战中殊死搏斗而英勇牺牲的先烈，对于警示国人不忘国耻、居安思危也有着重要的价值和深远意义。纪念馆现已被确立为衡阳市爱国主义教育基地，并于2011年成为南华大学思想理论课教学实践基地。

　　衡阳抗战纪念馆位于衡阳市高新技术产业开发区新桥管理处

纪念碑

第七组，占地面积2640平方米。它依山傍水，坐北朝南，是砖木结构的典型湘南民居风格的古建筑群。整个建筑装饰十分讲究，有木雕、彩绘、堆塑等，内容丰富，工艺精湛。

衡阳保卫战陈列展的主题是"忠烈壮国魂——抗日战争衡阳保卫战"，其展览设在左厢房，通廊式陈列抗战史实和实物，以增强国人的使命感和爱国热情。

陆成祖

陆成祖，清泉县（今衡阳市蒸湘区新桥村）人，生于清道光十八年（1838年），4岁丧父，长于兄家，行伍出身，屡立军功，被保举为记名提督，后授予振武将军衔，卒于1891年，享年54岁。

陆家新屋

陆家新屋是1887年陆成祖兴建的，日军侵华时，它成了日军黑濑联队的指挥部，日军负责攻打张家山、枫树山守军阵地，却受到守军的顽强反击，最后一万多人的联队只剩20多人。

衡阳保卫战

衡阳保卫战史称衡阳会战，是中国抗战史上最成功的战役和中国抗战史上以寡敌众的典型战例，被誉为"东方的莫斯科保卫战"。

摇 钱 树

摇钱树位于南岳衡山七十二峰之一的祥光峰上，长在藏经殿前坡的溪流旁。关于它的来历还有段神奇的传说。

据说很早以前，这里有个靠砍樵度日的钟老倌，他善良，乐于助人，每天利用空闲时间上山采药给附近穷兄弟治病，于是感动了一位白鬓童颜的老人，这老人给了他一粒种子，并告诉了他种植的方法后就不见了。钟老倌一一地按着去做了，结果第二年夏天一过，这棵树长满了金黄的果子。果子随风摆动，发出串串铜铃般的响声，钟老倌恍然大悟，原来这是一棵摇钱树。钟老倌摘下果子后首先想到的还是那些穷乡亲，于是悄悄地把果子给他们送去。自从有了摇钱树，藏经殿的树木越发茂盛，祥光峰上的景色越发秀丽，穷苦人的生活一年比一年幸福。可这事让县太爷知道了，于是他令人封了树，想独得钱财。可是他们等了一年又一年，树上就是不长钱，也不往外撒银，于是他们砍了这棵树，等他们还想杀钟老倌时，人早已不见了。钟老倌把摇钱树的种子留给每户一颗，于是，南岳就又长出摇钱树了。

摇钱树名字的由来

摇钱树，学名青钱柳，属落叶乔木，春季开花，花呈淡黄色，有清香。秋结一串串深黄色的硕果，边薄中厚，极似一串铜钱，尤其风吹碰撞而发出的响声更像一串铜钱互相撞击而发出的声音，因而得名。

神话

　　神话就是在古代生产力低下，人们对自然现象和社会现象不能进行科学的解释而想象出来的故事，是一种原始的、幻想性很强的、不自觉的艺术创造。其主人公多是神仙或古代英雄。

传说

　　传说作为一种文学样式，是人们口头流传下来的关于某人某事的故事。它与神话的最大区别是：神话是幻想出来的，而传说是有一定依据的，而且最大限度地脱掉了神的外衣。

衡山古树

摇钱树

方广寺传说

历史建筑

　　"方广寺之深"是"南岳四绝"之一，那么，方广寺为什么会建在以"深"著称的莲花峰上呢？原来，关于方广寺也有传奇和动人的故事，而且版本还不止一个。

　　从宗教派别进入南岳的时间和影响力来看，道教在先，佛教在后，所以，当惠海来南岳时，南岳前山道教香火已极旺盛，为此，惠海只好选择了后山幽深的莲花峰结庐为庵。据《一统志》记载：一天，惠海正在庵中诵经，突然来了五位皆穿白袍、面色分别为青、黄、紫、白、黑的壮士。他们自称是五位龙神，并提出条件，只要惠海允许听经，他们就可献地一块供惠海建寺。惠海当然答应了他们的请求。果不其然，当天晚上，雷电大作，风狂雨骤，山下堆沙成坪。第二天早上，惠海发现了这块平地，于是便开始到处化缘募捐，终在梁天监年间，在此地建造了一座规模宏大的寺院，寺名方广，寓佛法"十方广布"之意。这个带有神话传说色彩的故事，在清代李元度的《南岳志》上也有记载。

方广寺传说的另一版本

据《总胜集》载：梁天监年间，希遁在天台山遇惠海，并侍其左右，当他离开时，求惠海教诲，惠海约他在南岳方广寺相见。后希遁来岳，但道场已满，只好在西北山顶建方广寺。

前山与后山

前山与后山是根据什么称谓的呢？原来，湖南省南岳衡山由72座山峰组成，而距湖南省衡阳市南岳镇9公里，海拔1000余米的南天门，是南岳前后山的分界线，山阳为前山，山阴为后山。

梁天监年间

"梁"是指梁国，即是指南朝时期并存的宋、齐、梁、陈四个国家之一的梁国。天监年间（503—519）中的"天监"，是梁武帝萧衍的第一个年号，南朝梁共使用这个年号17年。

方广寺传说

祝融峰传说

衡山

祝融峰是根据火神祝融氏的名字命名的。那么火神祝融与衡山最高峰有什么关联呢？

传说祝融原名叫黎，号赤帝，据李元度《南岳志》查考，黎乃黄帝六相之一，掌火官吏，官名"火正"。自从燧人氏发明钻木取火后，人们就要带着火种前行，很不方便。一次，黎在与大家一起前行时就只带了摩擦生火的石头，然而当大家要用火时，他却取不出火来，气得他把那石头向山上扔去，谁知石落处却碰出了几颗火星，于是，聪明的黎就发明了击石取火法，使人类不再为保存火种而发愁，这大大方便了人类的生产生活。中原的黄帝知道黎有这么大的功劳，就把他请去，封他当了个专门管火的官，官名为"火正"，并赐予他一个名字叫祝融。"祝"就是永远之意，"融"就是光明之意，总的说来就是：愿黎永远给人间带来光明。黄帝因祝融熟悉南方，又懂管火用火，于是就派他管理南方事务。祝融一直住在南岳，为民造福，死后又被葬在南岳，人们为了纪念他，就把南岳的最高峰命名为祝融峰。

燧人氏

燧人氏是传说中钻木取火之人。据传一万年前，有个燧明国，国有燧木，鸟用嘴啄燧木，发出火光，一位圣人受到启发，折燧木钻之取火，造福了人类，后人称其为燧人氏。

祝融峰

钻木取火的原理

钻木取火的发明来源于我国古时的神话传说，依据是摩擦生热的原理。因为木原料粗糙，摩擦力较大，再加木本身易燃，故摩擦时易出火。但古人是不懂这个原理的，只是碰巧而已。

黄帝

黄帝是传说中的中原各族的共同祖先，因居轩辕之丘（在今河南新郑西北），故号轩辕氏，为此，世人又称其为轩辕黄帝。《大戴礼记》、《史记》等都记载说黄帝是五帝之首。

南岳夫人传说

南岳夫人，名华存，字贤安，任城（今山东济宁市）人，西晋司徒文康公魏舒之女，中国女子修道之鼻祖。24岁时因被父母逼迫而嫁人，生下两个孩子。据《南岳志》所录的《南岳魏夫人传》、《南岳魏夫人内传》说：婚后，华存夫人时常"闲斋别寝，入室百日不出"，每日念经修道，为此感动上天，便有4位仙君一同降临她家，传经并授《黄庭经》等书。后夫死子散，与侍女麻姑于晋大兴年间来到南岳，在集贤峰下结庐为庵，这便是黄庭观的前身。她在庵中静心修道16年，据说时年80，仍颜如少女。在这期间，西王母还请过她，并赐予《玉清隐书》。晋成帝咸和九年(334年)，她闭上了双眼，只饮不食，7天后在礼斗坛飞升成仙，据说是西王母派众仙来迎接的她。升天后，被帝封为紫虚元君领上真司命"南岳夫人"，与西王母共同管理天台山、缑山、王屋山、大霍山和南岳衡山的神仙洞府。后在魏夫人结庵处建黄庭观，由宋徽宗依道教经典《黄庭经》而赐名黄庭观。黄庭观因魏夫人而极负盛名。

《黄庭经》

《黄庭经》是道教上清派的重要经典，现传有《黄庭内景玉经》、《黄庭外景玉经》、《黄庭中景玉经》三种。书中首次提出了"三丹田"理论，而存思又是上清派典型的修炼方法。

晋大兴年间

"晋"指东晋，318年，司马睿正式称帝，改元太兴（"太兴"是"大兴"的另一写法），这是晋元帝的第二个年号（318—321），共用4年。魏夫人就是在这期间来南岳的。

西王母

西王母是传说中的女神，且是女仙之首，居昆仑山顶，有瑶池、蟠桃园，有3只"青鸟"于身边，操有不死之药，在民间影响极大。每年三月三的蟠桃会、农历三月二十的庙会都跟她有关。

南岳大庙内建筑

不 语 岩

　　不语岩位于南岳衡山七十二峰中最高峰祝融峰的旁边，东不到500米便是上封寺。至于它为什么叫不语岩，可是有一段有趣的传说呢。

　　不语岩下边有个石洞，洞宽两丈有余，有"不语挂锡"四个正楷大字刻于洞壁，还有"去中一笠"的楷书题留。据《南岳志》载，过去有一个和尚经常从南台寺来这里打坐，整天一句话也不说，自号"不语禅师"，不语岩也因此得名。不语禅师在这里修行了很长一段日子。有一年冬天，寒风大作，雪花纷飞，不语禅师灶里的火种突然熄灭了，于是，他在晚上提着灯笼，顶着狂风，踏着积雪到东边约500米的上封寺去求火种。上封寺的僧

自然景观

人说道："大师灯内有火，何必相求？"不语禅师得此禅机，恍然大悟，便作偈道："早知灯有火，饭熟几多时。"从此他大彻大悟，修成正果。

今天的不语岩已是衡山一道自然景观，洞内十分宽广，有可供游人歇脚的石凳、石桌，而且，洞口边的小字题刻也多了10余处，除"跨越桥"三个行书大字外，其他皆难以辨认。

《南岳志》

《南岳志》是魏晋南北朝以来纂修的南岳史志专书，著录达25种之多，其中清李元度纂修的《(光绪)重修南岳志》26卷，居诸志之首，其内容丰富，考证精审，是南岳诸志之上品。

打坐

打坐又叫"盘坐"、"静坐"，要求闭目盘膝而坐，调整气息出入，手放在一定位置上，不想任何事情。打坐是道教中的一种基本修炼方式，在佛教中叫"禅坐"或"禅定"。

禅师

禅师是对比丘（俗称和尚）的尊称。古佛教时代，比丘间产生各种专门人才，其中专意坐禅、通晓禅定者，称禅师，后发展为对一般和尚的尊称。古代朝廷亦赐有德之僧予禅师号。

不语岩

八百蛟龙护南岳大庙

南岳大庙位于衡山脚下的南岳镇北，为奉祀衡山之神南岳大帝（一说其神号为祝融氏，一说其神名为泽光）之庙宇，是我国南方规模最大、最为宏伟的古建筑群。据说在远古时代，这里也降临过灾难，那是祝融火神镇守南方时期。

南岳衡山处于火地，地火上升时地面极为炎热，不仅动植物遭殃，就连人类亦如此。于是祝融几经周折请到了南海龙王来灭火。可是龙王降下的雨只缓解了地面的热，并没有熄灭地下的火，情急中龙王便向南海观音求救。观音帮龙王分析了一下地形，南岳衡山有大小八百个山洞，且洞洞相通，尤其后洞是通向湘江和南海的，然后告诉龙王灭火的方法：如果每个洞口都派一位蛟龙把守，把海水引入地深处，就可灭火了。龙王大悦，调遣了有道行的八百蛟龙来守洞引水，果然，地下的火被熄灭了。为防万一，龙王还让八百蛟龙长驻衡山深潭泉涧中，夏天灭火，冬天让地火升腾，于是，才有南岳气候的冬暖夏凉。人们为表达感激，在修南岳大庙时雕塑了八百条龙像。

南海龙王

南海龙王即南海之神的化身，龙王为海神是从清雍正开始的，现为道教神祇之一，在人间司风管雨。为此，民间为祈求风调雨顺，建有龙王庙来供拜龙王。

南岳大庙正南门

南海观音

观音为中国人喜爱的菩萨，因其"千处祈求千处应，苦海常作渡人舟"。在中国，观音像很多，而位于海南三亚南山的南海观音是首屈一指的。

蛟龙

蛟龙字典解释为：古代传说中所说的兴风作浪、能发洪水的龙。《韵会》解释为：无角曰蛟。《抱朴子》解释为：母龙曰蛟。《本草纲目》则说：小时称"蛟"，大时称"龙"。

南岳庙会

　　庙会是指特定日期在寺庙附近进行祭神、娱乐和购物等的聚会活动，它是中国民间广为流传的一种传统民俗，始自唐代，宋朝继之，明清盛行。

　　南岳庙会是衡山地区民俗文化的典型代表。它于唐武宗会昌二年（842年）就已经产生，且一直以来都是颇有特色的民俗。

　　相传每年的农历五月十七是天符大帝的生日，人们要在此前后举行各种祭神及娱乐活动，以示庆祝，后来便发展成为如今的庙会。南岳的庙会多是从农历五月十四开始。那天，人们会化装成不同的角色，如骑马的文武判官、随行差役、打路鬼等，进行游街，这被称为"清道"。这时，人们会围着判官咨询年景、福祸等，判官便逐一回答，即便问题刁钻，判官们也能巧妙作答。五月十五开始抬神，这一过程中还会有一些小插曲，被称为"打

庙会上的人们

点子"。人们会请判官在自家小孩的额头上用朱笔点上一个红点，起到驱邪的作用。

过去这种庙会活动，仅仅是作为祭祀的活动，而如今，衡山的庙会早已不再只有这一个作用，而是慢慢演变成了集武术、杂技、歌舞、表演、书法、彩灯、文物珍奇等展览及商贸洽谈于一体的大型盛会。

抬神

所谓抬神就是将天符殿里的神像逐一抬出去游行，南岳庙会抬神的次序是农历五月十五日抬元帅，十六日抬判官，十七日将天符大帝、元帅、判官一起抬，居民鸣炮接送，场面极为热闹。

打点子

"打点子"即是指在南岳庙会期间，在农历五月十五日开始抬神过程中出现的一些小插曲。比如，人们会请判官在自己家小孩的额头上用朱笔点上一个红点，这小红点就会起到驱邪的作用。

判官

判官是古代传说中的阴间官名，掌管阴曹地府里的事务。长得凶神恶煞，还有些阴险狡诈，但绝大部分都心地善良、正直。他判处人的轮回生死，对恶人进行惩罚，对善人进行奖励。

佛教文化

　　南岳衡山是著名的佛教圣地，佛教文化极为发达。但一开始南岳却是道教的天下，佛教文化进入南岳是在六朝梁天监年间（502—519），由最早到达南岳的高僧惠海、希遁带入，这时间要比道家约晚200年。随后是慧思于568年来到南岳，再后是慧思的弟子智，最终形成天台宗，也叫法华宗。南岳慧思被尊为天台三祖，智被尊为天台四祖。此派学说，远传日本，流传很广，是佛家最重要的宗派之一。在衡山方圆百里的范围内，有寺、庙、庵、观等200余处。在这当中，首屈一指的寺庙建筑是位于南岳古镇的南岳大庙，规模宏大，有"江南第一庙"、"南国故宫"之称。从它宏大的规模、精美的建筑、完整的结构和周密的布局上，我们可以体会到佛事的盛大。此外还有祝圣寺、南台寺、福严寺、上封寺和衡山城外的清凉寺等，合称为南岳六大佛教丛林。这些寺庙，历史悠久，古木苍翠，香烟缭绕，钟磬不绝，佛像众多。来此，既可以参佛，又可赏景，还可品素餐斋席。其他寺庙也各有情趣。

祝圣寺

　　祝圣寺是南岳六大佛教丛林之一，坐落于南岳镇东街。相传大禹治水时曾来此，并修建了清冷宫，供奉舜帝。清康熙年间作为皇帝的行宫进行大规模改建，并更名为祝圣寺，沿用至今。

法华宗

　　法华宗即天台宗，中国佛教宗派之一，其教义主要依据《妙法莲华经》，故得名，又因创始人智顗常住浙江天台山而得名天台宗。法华宗是中国佛教最早创立的一个宗派，于9世纪远传日本。

法华宗九祖

　　法华宗宗派自称有九祖，依次为龙树菩萨、北齐慧文、南岳慧思、天台智顗、章安灌顶、智威、法华慧威、左溪玄朗、荆溪湛然。另有以慧文禅师为初祖或以智顗大师为初祖的。

石刻

佛教文化

道教文化

南岳衡山不仅是佛教的名山，更是道教的名山，道教文化发达。我们知道，道教要比佛教早200多年进入南岳，道家最早进入南岳的传人为东汉末期张道陵，其后有皮元、王谷神二人在这里长期修炼，事迹记载在宋代陈田夫所著的《总胜集》中。皮元与王谷神同居南岳的去龙峰栖真观，胎息还原，数年成道。晋武帝司马炎封王谷神为太微先生，皮元为太素先生。说明二人不仅道行深厚，而且还得到了天子的封号，可见影响极大。

衡山被道教称为第三小洞天，历代都有道教高人在此修行，相传黄庭观就是晋代天师道女祭酒魏华存修道处；上清宫是晋代道士徐灵期修行处；降真观是唐司马承祯修道处；九真观西有白云先生（司马承祯）药岩；五代道士聂师道亦修道于此。道家修行除了热衷于修炼内功，还讲究炼外丹。现今南岳紫盖峰下弥陀寺废址右侧的巨石上刻有《还丹赋》就是一个很好的证据，该赋中对炼丹之道作了许多阐述。

道教进入南岳之后，对人们的思想文化产生了深刻的影响。

云游

云游，字面意为像云一样自由地飘。引申为指人的行踪飘忽不定。它多用于僧道出家人，僧人或者道士利用游走四方的机会增长见识、加强悟性，这是僧人、道士修行的一种方式。

麻姑仙境

魏华存

　　魏华存，魏晋时道士，在南岳静修16年，"感龟台金母、三元夫人、冯双礼、朱紫阳来降，教以玉诀"，得《太上黄庭内景经》，后仙化，世称南岳魏夫人，为上清派之祖师。

在衡山修炼的有名道士

　　在衡山修炼的有名道士有：梅福、华盖君、徐灵期、邓郁之、魏华存、麻姑、缑仙姑、陈兴明、王灵兴、蔡法寿、李法超、田虚应、徐炼师、石英夫人、薛季昌、张玄和、吕洞宾等。

福寿文化

福寿文化是南岳衡山文化的重要组成部分，其历史非常久远。据《星经》记载：南岳衡山对应二十八宿之轸星，轸星主管人间苍生寿命，故名寿岳。

中国人历来对天象文化深信不疑，加之对自身生命的珍爱，于是很快形成了上至天子，下至黎民百姓的以南岳衡山为崇信中介的文化风潮。如宋代徽宗在南岳亲笔题写的寿岳巨型石刻，现在仍完好地保存于南岳金简峰。清代康熙皇帝亲撰的《重修南岳庙碑记》首句即为：南岳为天南巨镇，上应北斗玉衡，亦名寿岳，再度御定南岳为寿岳。这种文化特性也体现在历代史志中，在史志中经常把衡山尊称为比寿之山或主寿之山。就连《辞源》在解释寿岳这个词条时也明确指出：寿岳即南岳衡

"寿比南山"石刻

山。南岳衡山因而誉称中华寿岳。这种对福寿文化在观念上的肯定，外在显现为衡山上体现福寿文化的人文景观众多。如每年的农历二月初八，就是朝寿佛日。无量寿佛被视为"万寿无疆"的活佛，各地善男信女齐聚于此，为寿佛庆寿，为家人祈福。

无量寿佛

无量寿法名金真，号宗慧，唐朝资兴人，圆寂之后显灵于湘南一带，大约明代中期出现在衡阳一带，故有"五百年转回雁峰"之传说。

圆寂

圆寂乃佛教用语，谓德无不备，称圆；障无不尽，称寂。即诸德圆满、诸恶寂灭为之圆寂。圆寂是佛教徒修行的最理想的终极目的，并不是指一般的死，而是一种境界，是涅槃。

《辞源》

《辞源》是我国第一部大规模的语文辞书，始编于1908年。修订版的《辞源》内容丰富，极为充实广博，收录内容一般止于1840年以前，是一部熔词汇、百科于一炉的书。

衡山八大怪文化

秀美山色

衡山八大怪文化是指衡山特有的八种文化现象：

第一怪：佛道同山。衡山寺庙众多，佛道共存一山。在南岳大庙中，更是形成了和尚道士同居一庙的奇特景观。

第二怪：唱歌朝拜。在南岳进香，除要行普通的跪拜礼，还要唱香歌。

第三怪：赶八月。衡山的香火旺盛，以八月为盛。此时香客如潮，商贾云集，交易活跃。

第四怪：熟人见面不说话。衡山人在新年之际去朝拜山神许愿的路途中，为了表示虔诚，就是见到熟人也不打招呼。

第五怪：冬瓜作扣肉。南岳素菜中有一道菜名叫"不可思议"，看上去外形和扣肉一样，其实是用冬瓜制作的。

第六怪：儿子结婚爹游街。儿子结婚时，父亲要头戴高帽，涂着大花脸，身穿大红戏袍，挂着字牌子在接亲队伍的簇拥下游街。

第七怪：群蛙聚会。每年惊蛰前后，广济寺的水田中会出现成千上万只蛙，有的摞在一起，形成一二尺甚至一米多高的"蛙塔"。

第八怪：寿山。衡山又被称为"寿岳"，山上与寿有关的石刻达数百处，与祷寿有关的民风民俗众多。

素食

素食是菜肴流派的一种。通常指用植物油、蔬菜、豆制品、面筋、竹笋、菌类、藻类和干鲜果品等植物性原料烹制的菜肴。素菜以其食用对象分为寺院素菜、宫廷素菜、民间素菜。

扣肉

扣肉是一道用猪肉制成的、常见的中国菜肴，扣肉的"扣"是指当肉蒸或炖至熟透后，倒盖于碗盘中的过程。扣肉主要分为芋头扣肉及梅菜扣肉。

香火

香火有三层意思：一是指供奉神佛或祖先时燃点的香和灯火；二是指寺院里管香火的人；三是指子嗣，即后继有人的意思。香火旺，指朝拜的人多。

南岳素斋

衡
山

南岳衡山素食从东晋时期发展至今，已发展成高级斋宴。它以时令的蔬菜，如茄类、豆类、莲藕及瓜菜等作为原料，味道清香鲜嫩，别有特色。

通常所说南岳的斋席种类有一品香、二度梅（霉）、三鲜汤、四季青、五灯（炖）会、六子连、七层楼、八大碗、九如意、十样景，单从这十样菜肴的名字就可以看出人们在素食上所下的工夫。

一品香是指单盘的素菜；二度梅（霉）是指霉豆与腐乳；三鲜汤是指按时令以三样鲜菜做汤；四季青是指四种不同青菜；五灯（炖）会是指五种炖品；六子连通常指烧茄子、炒笋子、炖菌子、油辣子、豆干子、藕丸子；七层楼是用假肉、丸子、馒头、子面筋、菜心、玉兰片、香菇等七样层叠而成；八大碗是指用八

素斋食材

样素菜仿荤席办成酒席；九如意是指便餐，按时令不同、客人多寡来配菜；十样景大体有两种：一种是十景素烩，是指十样蔬菜做烩菜，另一种则是十样大菜办成的酒席，又称十大碗。

此外，南岳素斋还有豆腐、香椿、辣椒、笋子、菌子等几十种菜的吃法，乡土风味浓厚。

十景素烩

十景素烩是十样景的一种，是指由玉兰片、红萝卜、白萝卜、百合、白菜心、冬菇、荸荠、马铃薯、豆笋皮等烩焖而成。其中玉兰片、红白萝卜、荸荠还要雕成各种花形。

十大碗

十大碗是十样景的一种，是十样大菜办成的酒席。通常指珍珠米、油捆鸡、油豆笋、冰糖湘莲、七层楼、八宝饭、烤菇汤与青菜。也有全仿荤席办成的十大碗。特点是用料多，制作精。

藕

藕，又称莲藕，属睡莲科植物，藕微甜而脆，可生食也可做菜，而且药用价值相当高，用藕制粉，能消食止泻、开胃清热等。

雁 鹅 菌

雁鹅菌又被称为重阳菌、寒菌、玉茹、雁窝菌，一向被认为是菌中之王。它的肉质很鲜美，营养丰富，是衡山著名的美食。南岳的雁鹅菌是菌中的上品，这是因为这里草木茂盛，水源充足，没有污染，是堪称一流的自然环境，一年熟两次，分别是农历三月和八月。但它的生长受气候、温度、湿度影响特别大，在寒露之后就自然枯萎，无法人工培养，因此雁鹅菌就显示出它的可贵。

雁鹅菌的外形是浅棕色，形状像伞，小的有铜钱大小，大的可以达到碗口那么大，质松肉肥，适合做汤、小炒或是制成菌油，味道都非常鲜美，那么雁鹅菌和菌油自然也是南岳素食中的佳品。

雁鹅菌不但是美味，也是绝美的保健品。据《本草纲目》记载："玉草（菌）初寒时生，洁析可爱，作羹微韧，俗名寒蒲草。"这是因为它富含蛋白质、微量元素和多种氨基酸，从而起到增强食欲、提高免疫力及保健防疫的功效。若能在衡山品尝美味无穷的雁鹅菌自然是一桩美事，而提篮背篓在茂林草丛中采雁鹅菌也是一大乐事。

菌油

菌油是用雁鹅菌和茶油制作而成。就是把新鲜的雁菌放在烧沸的茶油中炸熟，然后把菌和少许茶油密封，用坛子装起来。吃的时候，只要在菜上滴一些菌油，就会令人胃口大开。

食用名菌

特产

　　特产是指在特定区域生产的、品质优异的农林产品或加工产品。它具备两个特点：一个是地域性特点，只在一定的区域内生产、流行；一个是品质，与其他同类产品相比，品质优异。

铜钱

　　铜钱是指古代铜质货币。一般为圆形，中有方孔。在中国社会发展过程中，一直被大量使用。虽然宋时出现了纸币，但在流通中仍以金属货币为主，直到清代末年，才逐渐停止流通。

雁鹅菌

南岳云雾茶

南岳云雾茶

南岳云雾茶是中国五大云雾茶之一，唐朝时就已是朝廷的贡品，唐代陆羽的《茶经》记载："茶出山南者，生衡山县山谷。"南岳云雾茶之所以成为茶中的上品，是因为南岳衡山的气候、温度、湿度都适宜茶的生长，加之土壤中含有较多的矿物质，一年中被云雾笼罩的日子占一大半，这样的气候条件对茶叶的生长是非常有利的。

从外形上看，云雾茶的叶子又尖又长，有点像枪尖；从色泽上看，鲜嫩翠绿；从气味上看，沁人心脾。而且云雾茶没有虫害，也没有化学污染。优异的外在条件加上精细的制作工艺，于是就有了"俊秀润匀，鲜爽醇厚，嫩香持久"的评议。

种茶的那片地域里有一片宽深各10公里的狭长山谷，那里三

面环山，云雾缭绕，因而土地肥沃、湿润，适宜种茶，尤其是云雾茶。

相传此茶已有2000多年的历史，如今的云雾茶遍及南岳各地。云雾茶最适宜在海拔800～1100米的山上种植，因为这样的地带云雾交织，阳光和煦，森林覆盖面积大，这样条件下生长起来的茶条紧细，饮用起来回味无穷，香飘四溢。

《茶经》

《茶经》是世界上最早的一卷茶叶专著。它的问世是中国茶文化发展到一定阶段的重要标志，是唐代茶业发展的需要和产物，是当时中国人民关于茶的经验的总结。

矿物质

矿物质是人体内无机物的总称，是地壳中自然存在的化合物或天然元素。它和维生素一样，是人体必需的元素。矿物质是无法自身产生、合成的，每天矿物质的摄取量也是基本固定的。

海拔

海拔是指地面某个地点或者地理事物高出或者低于海平面的垂直距离，是海拔高度的简称。与相对高度对应，计算海拔的参考基点是确认一个共同认可的海平面后再进行测算。

南岳云雾茶

观 音 笋

衡
山

　　观音笋是南岳衡山有名的特产之一，它和普通的竹笋大体相同，但又有其独特之处。南岳衡山的观音笋之所以得名，是因为这是在观音娘娘生日前后出土的一种小笋，时间是在农历二月十九日左右。这种笋的特点是肉质细腻而鲜嫩，味道鲜美。而它最奇特之处在于干吃的时候味道出众。

　　俗语说"靠山吃山，靠海吃海"。所以对于南岳观音笋的吃法，山上的和尚、道士们最有心得，这是因为观音笋是他们日常的食物之一。这些衡山上的长期居住者们对观音笋的吃法很有研究，尤其是干笋的吃法。干笋的制作，极为讲究。首先在于选笋的时间，选挖小笋的时间一定是在观音菩萨生日前后几天。小笋一定要选择细嫩而肉厚的。然后是笋的处理，要先退壳，用火煮沸，但不能全熟，就取出晒干。最后是干笋的贮藏，晒干后的笋要放在茶油里，用坛子密封起来。贮藏的时间越长，干笋的香味就越浓。食用的时候，从坛中取出加适量的盐椒就可以了。这里的干笋即使不用油浸，也比其他的干笋好吃。

观音

　　观音又称作观世音菩萨、观自在菩萨等，是佛教的四大菩萨之一。最经常出现的扮相是：相貌端庄慈祥，经常手持净瓶杨柳。他具有无穷的智慧和神通，大慈大悲，普救人间疾苦。

农历

农历是中国的传统历法，它以月亮的变化周期来确定年月，又因为这种历法的安排以指导农业生产活动为主，所以称为农历。相传制定于夏朝，所以又称为夏历，俗称阴历。

笋

笋是指竹子从土里长出的嫩芽，味鲜美，可以做菜。宋代的科学家沈括在《梦溪笔谈》中对笋就有过详细的记录："如筀竹笋，有二月生者，有三、四月生者，有五月方生者谓之晚筀。"

观音笋

观音笋

广柑蜜橘

衡
山

　　广柑蜜橘是南岳衡山的特产之一。蜜橘，属于芸香科。从其营养价值来说，营养成分丰富，含有糖、柠檬酸、蛋白质以及胡萝卜素、维生素C、维生素P等多种维生素。和苹果相比，它的维生素C含量要高出苹果6～20倍。而且它的色泽艳丽，香气浓烈，甜酸适度，实在是果品中的上品。同时它还具有理气健胃、燥湿化痰、下气止喘、散结止痛、促进食欲、醒酒等多种功效。

　　其栽培历史也很久远。据《禹贡》记载，早在4000年前的夏朝，我国的江苏、湖南、湖北等地生产的柑橘就已成为贡税之物。到了秦汉时期，其生产得到进一步发展。《史记》中说："齐必致鱼盐之海，楚必致桔柚之园"，说明楚地（湖北、湖南

广柑蜜橘

等地）的柑橘与齐地（山东等地）的鱼盐生产并重。

衡山的广柑蜜橘正是沿袭了千百年来的种植历史，发挥了其区域种植的优势，所培植的品种更为优良：广柑核小含糖量高，营养价值高。有些新品种已能做到果实在树上过冬，在万物萧条的季节，为南岳增加了一道独特的风景。

楚

楚是周朝的诸侯国之一。其疆域主要在湖北西部山区和江汉平原一带，后逐渐向西、东、南、北不断扩张，成为战国时期最为强大的诸侯国，称霸一时，屈原是其后期的一代名臣。

齐

齐是周朝的诸侯国之一。开国君主是姜子牙，称姜齐。后为田氏所代替，又称田齐。齐在春秋战国时期的诸侯混战过程中不断壮大，成为战国七雄之一，直至前221年被秦国所并。

《禹贡》

《禹贡》是《尚书》中的一篇，是战国时魏国的人士假托大禹的名义所著，所以就以《禹贡》为篇名。其内容是设想在当时诸侯称雄的局面统一之后所提出的治理国家的方案。

广柑蜜橘

猕 猴 桃

　　猕猴桃是南岳衡山的特产之一。猕猴桃的名称众多，不仅中外的名称不同，就是在中国各产地名称也不同。它的原产地在中国，以陕西省关中秦岭北麓地区的最为有名，其产区主要有五处，而衡山所在的湖南西部就是猕猴桃的主要产区之一。猕猴桃在南岳被称为藤梨子，这个名字是南岳人依据猕猴桃是藤本植物，攀附其他树木而生，结的果实像梨的特点而起的。而从这个地方性的名字中我们也可以看到南岳人对猕猴桃的喜爱程度。

　　在南岳，野生猕猴桃的分布十分广泛，在紫盖、莲花、白云峰一带最多。皮呈褐色，肉为淡绿色，营养价值丰富，维生素含量很高，是柑橘的6～8倍，比苹果高十几倍。味道酸甜，既可直接食用，又可加工成罐头、果酒、果汁、果酱、果干等。同时又具有很高的保健功能：主消渴、解热毒、助消化、治泻疾、下石淋，对肝炎也有疗效。因此猕猴桃成为当地人的"宠儿"。每逢农历八九月份，南岳镇上到处可见卖猕猴桃的小摊，经过霜打后的猕猴桃，味道甘美无比。

猕猴桃的分类

　　猕猴桃分为美味猕猴桃和中华猕猴桃两大类。美味猕猴桃表皮毛多而硬，中华猕猴桃表皮毛少而稀疏，常脱落。现在常食用的猕猴桃以美味猕猴桃种类居多。

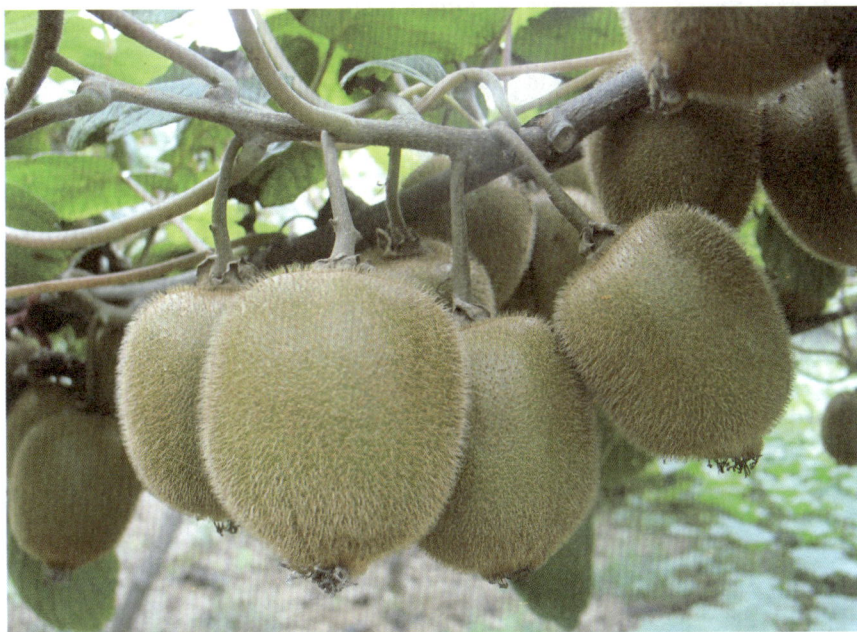

猕猴桃

猕猴桃的别名

猕猴桃的别名有毛桃、藤梨、白毛桃、毛梨、毛梨子、猕猴梨、木子、毛木果、阳桃、奇异桃、羊桃（黄山当地人的叫法）、鬼桃、几维果与奇异果（外国产生名称）等。

猕猴桃的主要产区

猕猴桃的主要产区：一是大别山区，河南的伏牛山、桐柏山；二是陕西秦岭北麓；三是贵州高原及湖南省的西部；四是广东河源和平县；五是四川省的西北地区及湖北省的西南地区。

豆　腐　花

豆腐花

豆腐花是南岳有名的小吃之一。豆腐花的历史可以追溯到汉朝。文帝时期的淮南王刘安是个孝子，他的母亲最爱喝豆浆，刘安为了让有病在身的母亲能够多吃一点东西，在豆浆的基础上力求变化，于是在中国的食谱中就有了一个新成员——豆腐花。从它诞生之日起，就受到了上至皇家，下至百姓的普遍喜爱，现今已成为最富有中国文化代表性的食物之一。

豆腐花制作简单，营养丰富。一般用黄豆作为主要原料，先把黄豆泡涨加工成豆浆，然后加入盐卤或石膏，凝结成细而软的固体，再配上或咸或甜的作料，就可以食用。加入盐卤的相对较硬，称之为豆腐脑，在北方流行；而加入石膏的相对较软，称为豆腐花，在南方常见。

南岳的豆腐花特点明显，它的好处在于绝妙的口感，具有白、嫩、爽、滑、甜等五个特点。这一方面来自用料的讲究，挑选上好的黄豆；一方面来自精湛的制作工艺，石膏加入的分量与时间恰到好处；一方面来自于南岳独特的天然优势：南岳山上的泉水甘甜清洌，有一种天然的香甜。

淮南王刘安

淮南王刘安是汉高祖刘邦的孙子，刘安袭封淮南王时年仅16岁。他才思敏捷，喜好读书，善于文辞，精通音乐，是西汉有名的思想家、文学家。曾主持编写了《淮南子》一书。

盐卤

盐卤是由海水或盐湖水制盐后，残留于盐池内的母液，主要成分有氯化镁、硫酸钙、氯化钙及氯化钠等，味苦，能使蛋白质溶液凝结成凝胶，是我国北方制豆腐常用的凝固剂。

泉水

泉水是地下水天然露出地表的部分，或者地下含水层露出地表的部分。根据水流状况的不同，可以分为间歇泉和常流泉。根据水的温度，泉可以分为温泉和冷泉。根据流量，泉可以分为八级。

豆腐花

寿酒、寿茶、寿饼

　　衡山向来是佛道的圣地，食物的特点自然是以素食为主，此素食与普通素食也有区别。南岳的素食历史久远，始于东晋，至今已有千年的历史，其技艺的精湛，堪称一流，如"十样景"，绝不是一般的素食，它已经成为一种高级斋席。下面介绍几种著名的南岳美食。

　　南岳的寿酒。"寿岳"牌寿酒是衡山的著名美食，是由专业人士从养生科学角度用南岳的圣水，在南岳道士养生之秘诀的指导下，将多味上好的中药材适当搭配，调制而成。这种寿酒又经高僧普度，可谓甚得佛光，素有"人生百年，得饮此酒，实为幸事"的赞誉。

　　南岳的寿茶。南岳的寿茶品种较多，可达几十种，保健养

茶山云烟

生的功效比较显著。寿茶具有八大保健功能：防毒除病、防癌治癌、清神醒脑、明神亮晶、健胃促食、壮体美容、旅游止渴、延年益寿。

南岳的寿饼。南岳的寿饼已有4000多年的历史，这种寿饼融合了南岳诸多僧侣的养生精髓，采用现代科技精心制作而成，口味甜而不腻，香而爽口，老少皆宜。

寿酒的配料及功效

寿酒由白酒配以冬虫夏草、灵芝、枸杞、山药、茯苓、肉桂、蜂蜜、白糖等多种材料及衡山的泉水精心调制而成。口感好，度数低，是滋阴补肾、强身健体、孝敬老人的佳品。

十样景

十样景有两种：一是小十样，即由玉兰片、红萝卜、白萝卜、百合、白菜心、冬菇、荸荠、马铃薯、豆笋皮、子面盘筋等烩焖而成。另一种称十样景，用料有珍珠米、油捆鸡、油豆笋等。

圣地

圣地一指宗教徒称与教主生平事迹有重大关系的地方。如基督教徒称"耶路撒冷"，伊斯兰教徒称"麦加"；二指某方面有特殊意义和作用的地方，如革命圣地。

寿酒、寿茶、寿饼

衡山园枣

园枣

衡山园枣是衡山特产之一，主要产区在衡山县。枣原产于中国，在我国已有8000多年的种植历史，是中国的传统"五果"（桃、李、梅、杏、枣）之一。

大枣的品种多、品牌多。衡山园枣是其中的一种，在新中国成立前衡山就有"一担枣子一担米"的说法，把枣和粮食的价值等同起来，可见当地人对枣的喜好和重视。新中国成立后得到很好的发展，成为当地的一种主要经济作物，远销各地，名噪一时。从外形上看，衡山园枣呈卵形，有粒大、肉紧、味甜的特点。它营养丰富，富含蛋白质、脂肪、糖类、胡萝卜素、B族维生素、维生素C、维生素P以及钙、磷、铁和环磷酸腺苷等多种营养成分，维生素C的含量在果品中名居上流，有"维C之王"的美称。除此之外，它所含的环磷酸腺苷是人体细胞能量代谢的必需成分，对改善人体功能、缓解身体疲劳、扩张血管等有良好的作用，备受中医中药推崇，是很好的保健营养品。

大枣的品种

大枣的品种多样，比较著名的有山西黄河滩枣、五佛大枣、山东大枣、泗洪大枣、阜平大枣、金丝小枣、赞皇大枣、哈密大枣、新郑大枣等。

大枣的品牌

大枣的品牌有河南的灵宝大枣、山西晋中的宁阳大枣、黄河流域两岸的滩枣、河南的新郑大枣、河北的阜平大枣、河北黄骅的冬枣、山西的板枣、新疆若羌地区的楼兰红枣等。

大枣在中医中药中的作用

中医中药理论认为，枣有补虚益气、养血安神、健脾和胃等作用，是脾胃虚弱、气血不足、失眠多梦等患者的保健品；对肝病、贫血、过敏等病症有较好疗效；有一定的抗癌作用。

衡山园枣

衡山白糖李

　　衡山白糖李是湖南省衡阳市衡阳县的特产，属传统名贵水果品种，与南岳雁鹅菌、南岳云雾茶、衡阳酃渌黄龙玉液一样，不仅具有悠久的历史，而且极负盛名。400年前的明嘉靖年间即有关于白糖李的记载，至今白糖李在我国已有300余年的栽培历史。白糖李树对土地的适应能力极强，无论是南方的酸性土壤，还是北方的碱性土壤都能生长。白糖李树对温度和水分的要求也不苛刻。

　　白糖李的果实是扁圆形的，外皮黄绿色，皮薄而坚韧，果肉致密，且呈黄白色，核小、肉脆、味甜、多汁，但少纤维。因吃后齿舌长留甜味，故而有"白糖李"之美称。白糖李的果肉不仅可以供鲜食，还可以加工成罐头，也可加工成李干、果脯、果酒等。李干不仅耐贮存，而且还有解渴提神之功效，国内外市场均有销售。

白糖李树的栽培时期

　　白糖李树的栽培时期应选择在其落叶后至萌芽前，一般可分两个季节栽培：即秋栽和春栽。秋栽适用于冬季较温暖地区，而春栽则适用于在冬季严寒，易发生冻害的地区。

衡山华严湖

雁鹅菌

雁鹅菌是南岳众多野菌中品质最佳的一种，产于海拔1290米的南岳高山，色为浅棕黄，形似小伞，小如铜钱，大似菜碗，质松肉肥，用以调汤、烧肉、下面，无不鲜香甜美，滑嫩可口。

酃渌黄龙玉液

酃渌黄龙玉液，主要采用衡阳酃湖泉水、精选优质麻矮糯米(原为帝王贡米)与千年祖传秘曲，以传统酿造工艺与现代生物技术相结合的办法精制而成，深受广大消费者喜爱。

衡山白糖李

岳北大白茶

  岳北大白茶是衡山特产之一，也是我国名茶之一。茶文化是中国传统文化的重要组成部分，茶的品种众多，产区众多，品牌自然也众多。

  衡山是我国的主要产茶区之一，历史非常悠久，早在唐代陆羽所著的《茶经》中就有对衡山茶的记述：衡州茶，生衡山茶陵县山谷。岳北大白茶属于绿茶，是著名的茶叶品牌，其主要产区在衡山县贯塘，在南岳北麓，这里气候温和，雨量充沛，土壤肥沃，生态环境条件优越，非常适于茶的生产。它名字中的"岳北"二字来自1927年毛泽东在此地亲自创建的"岳北农工会"，从社会发展的角度看，它还是社会发展的见证者。

茶园

岳北大白茶的创制时间较晚，在20世纪七八十年代，它是在当地民间传统制茶工艺的基础上，积极吸取外地名茶生产的先进技术，集二者于一体，因而，创制成功的同时就已成名。岳北大白茶具有茶叶条索肥壮紧实、锋苗毕露、白毫满披、色泽翠绿、气味芬芳的特点，冲泡后，汤色黄绿，滋味醇厚甘爽，叶底柔嫩明亮，深受人们的喜爱。

茶的品种

我国茶的品种多样，按茶的色泽和加工方法，可以将茶叶分为绿茶、红茶、乌龙茶、黄茶、白茶、黑茶和花茶七大茶系。

茶的产区

我国茶区辽阔，茶区划分采取三个级别：一级茶区，以西南、江南地区为代表；二级茶区，以西北、江北地区为代表；三级茶区，以华南地区为代表。野生的茶树主要集中在云南等地。

我国的名茶

我国的名茶有浙江西湖龙井、江苏洞庭碧螺春、安徽黄山毛峰、六安瓜片、祁门红茶、福建安溪铁观音、湖南君山银针、河南信阳毛尖、福建武夷岩茶、湖北邓村绿茶、江西庐山云雾茶等。

金 钱 松

金钱松是南岳的珍稀树种之一，在树木丛生的衡山中独具一格。

金钱松的珍贵之处，只要听听"国家二级重点保护植物"的头衔就可见一斑了。它在我国的分布地有江苏、浙江、山东、河南东南、江西、福建和鄂西等，以及湖南黔阳、衡山、新化和安化等县。看似分布地广，但个体稀少，所以亟待保护。

金钱松树林

衡山金钱松多散生于海拔1000米左右的向阳山坡谷地的稀疏常绿阔叶林中，喜光、喜暖、喜雨、喜酸性砂质土壤。金钱松高大挺拔，树干通直，最高的可达40米，周长可达2.5米。秋天来临，叶子变为金黄色，看上去形似金钱，所以被称为金钱松。金钱松高高地挺立在杂灌疏林中，很是显眼，具有很高的观赏价值，春夏叶色翠绿，入秋一片金黄，冬季又显现其高大。金钱松为衡山增色，也为世人所喜爱，是世界著名五大庭园观赏树种之一，世界各地的植物园多有引进。

除了观赏价值，金钱松还富有很高的经济价值，种子可榨油；木材可以用作建筑、桥梁、船舶、家具用材；树根可作纸胶的原料；树皮可入药。

世界著名五大庭园观赏树种

世界五大庭园树木分别是：金钱松、雪松（也称喜马拉雅杉、喜马拉雅松）、巨杉、金松（也称伞松、日本金松）、南洋杉。其中金钱松是我国特产树种。

植物园

植物园有三种作用，首先它是调查、采集、鉴定、引种、驯化、保存和推广利用植物的科研单位，其次是能普及植物科学知识，第三它又是可以供群众游憩的园地。

金钱松的树皮入药

金钱松的树皮可入药，名为"土荆皮"，具有抗菌消炎、止血等功效，可治疗疥癣瘙痒、抗生育和抑制肝癌细胞活性等。

金钱松

红 豆 杉

红豆杉

　　红豆杉是南岳衡山的特有树种之一，也是世界上公认的濒临灭绝的天然珍稀抗癌植物。它是经过了第四纪冰川遗留下来的古老树种，在地球上已有250万年的历史。但由于在自然条件下红豆杉生长速度缓慢，再生能力差，所以虽然对其培养已引起人们的普遍关注，但还是很难形成大规模的红豆杉原料林基地。红豆杉在我国是一级珍稀濒危保护植物，也是联合国明令禁止采伐的树种。

　　红豆杉在我国从南到北都有分布，其分布广，生长分散，无纯林，多为林中散生木。红豆杉的树姿优美，树干结实粗壮，枝繁叶茂，苍劲挺拔，四季常青。红豆杉结红豆果，一串串的，红

彤彤的，很像相思豆，也因此而得名。红豆杉外形美观，经济实用，材质坚硬，有"千枞万杉，当不得红榧一枝丫"的俗语。边材呈黄白色，心材赤红，质坚硬，纹理致密，形象美观，不翘不裂，耐腐力强，可供建筑、高级家具、室内装修、车辆、铅笔杆等用。种子含油量较高，是驱蛔、消积食的珍稀药材。

红豆杉在我国的分布

红豆杉分布于我国大部分地区。东北红豆杉主要分布在吉林省长白山和黑龙江一带，辽宁东部山区也有少量分布。南方红豆杉分布在云南、湖南、安徽等地。

第四纪冰川

第四纪冰川是地球史上最近一次大冰川期。中国的现代冰川主要分布于喜马拉雅山（北坡）、昆仑山、天山、祁连山、冈底斯山和横断山脉的一些高峰区，总面积约57 069平方公里。

联合国

联合国是一个由主权国家组成的国际组织，于1945年10月24日在美国纽约正式成立。它在促进各国经济发展、社会进步及实现世界和平等方面起到了一定的作用。

红豆杉

伯 乐 树

伯乐树又名山桃树、钟萼木，是南岳衡山的特有树种之一，也是中国特有的树种之一，被列为国家一级保护植物。它在研究被子植物的系统发育和古地理、古气候等方面都有重要科学价值。

伯乐树在我国多地都有零星分布，主要分布在浙江、台湾、福建、江西、湖南、湖北、四川等亚热带温暖湿润的季风气候区。

南岳衡山也是伯乐树的生长地之一，常见它散生湿润沟谷坡地或溪旁的常绿落叶阔叶混交林中。伯乐树的树形高大，一般高达20～25米，枝丫粗壮，给人以挺拔高大的感觉。花形硕大，色彩艳丽，果实呈鲜红色，是椭圆球形，种子大，容易被动物采食，所以天然更新的能力较差，林内很少见到小树。伯乐树的材质优良，是既可用材，又可观赏的珍贵树种。它的树干通直，纹理直，色纹美观，是家具优良用材。它的树皮可以入药，在夏、秋两季采集，捣烂外敷，可以治疗筋骨痛。

亚热带

亚热带又称副热带，是地球上的一种气候地带。一般亚热带位于温带靠近热带的地区（大致23.5°N～40°N、23.5°S～40°S附近）。气候特点是其夏季与热带相似，最冷月均温在0℃以上。

衡山植物

季风气候

季风气候是指由于海陆热力性质差异或气压带风带随季节移动而引起的大范围地区的盛行风随季节改变而形成的气候现象，主要特征是随同季风的旋转，降水发生明显的季节变化。

被子植物

被子植物又名绿色开花植物，在分类学上称为被子植物门，是植物界最高级的一类，是地球上最完善、适应能力最强、出现得最晚的植物，自新生代以来，它们在地球上占着绝对优势。

伯乐树

银 鹊 树

林间树木

银鹊树又名瘿椒树、丹树、瘀椒树、泡花、皮巴风，为中国亚热带植物区特有的古老珍稀树种，中国三级保护植物。

银鹊树属省沽油科，落叶乔木，树高可达28米，胸径可达1米，树形端正，为理想的园林观赏树种。其皮纵裂，具清香；花呈黄色，花尊钟状，5裂，小而有香气，花期为6～7月；果子成熟时先由黄绿转黄红，最后呈紫黑色，果熟为8～9月，核果卵形或近球形。

银鹊树属中性偏喜光树种，以种子方式繁殖，除幼树较耐阴外（但不耐寒、旱），它最适宜生长在海拔400～1800米的山谷山坡和溪边湿润肥沃向阳的环境里。主要分布于云南、四川、

湖南、湖北、浙江、安徽等地的山地林中，多零星分布。由于其雄花与两性花异株，授粉较为困难，不易结实，加之种群数量不多，因此天然更新能力较弱，再加乱砍滥伐，不注意保护，银鹊树已成濒危树种。

南岳衡山的地理位置及环境比较适合银鹊树的生长，因此它与红豆杉、金钱树、伯乐树等珍稀树种成为南岳衡山林中的座上客。

省沽油科

省沽油科是被子植物门、双子叶植物纲、蔷薇亚纲中的一科。该科有瘿椒树属、省沽油属、野鸦椿属、山香圆属等5属，约60种。中国有4属22种，瘿椒树属为中国特有属。

落叶乔木

乔木是指树身高大的树木，由根部发生独立的主干，树干和树冠有明显区分。所谓落叶乔木，就是指每年秋冬季节或干旱季节叶全部脱落的乔木。落叶的原因是由短日照引起的。

金钱树

金钱树，又名金松，原产于非洲东部雨量偏少的热带（草原）气候区。性喜暖热略干、半阴及年均温度变化小的环境，比较耐干旱，但畏寒冷，忌强光暴晒。

银鹊树

竹　　雕

　　竹雕也称竹刻，是一种在竹制的器物上雕刻多种装饰图案和文字，或用竹根雕刻成各种陈设摆件的艺术品。这种艺术始自六朝，到唐代渐渐走进人们的视野，至清代才在工艺美术史上独树一帜。竹雕雕刻的方法主要有阴刻、阳刻、圆雕、透雕、深浅浮雕等。

　　南岳竹雕是南岳独具特色的工艺品，在清光绪年间就颇有名气。它以优质的捕竹为原料，先经多道工序和药物处理，制成竹簧粗坯，然后才能按照图样雕刻，再后用字画纸洗刷、磨光、填色，最后制成人们喜欢的艺术品。采用的方法是：先多用粗犷的块面体现透视，再用凹凸线条刻画细部。题材多为走兽、花卉、

竹雕

山水、建筑，竹根也可雕出历史、戏曲、民间传说中的人物等。南岳竹雕造型优美，工艺精致，实用性强。南岳有名的竹雕艺术品如形象生动逼真的"民族仕女"、"民族儿童"等，显示出浓郁的乡土气息和民族风格，再如"李白醉酒"、"八仙过海"等，夸张适度，栩栩如生。随着旅游业的发展，南岳竹雕也将会越来越受到游客的喜爱。

阴刻与阳刻

阴刻与阳刻是我国传统的两种基本刻字方法，现已普及到其他各个艺术领域。就字而言，通俗点说，阴刻就是将字的笔画凹陷于物体平面的雕刻，阳刻反之，竹雕亦如此。

圆雕

圆雕是指非压缩的，可以多方位、多角度欣赏的三维立体雕塑，又称立体雕。圆雕完全是立体的，观众可从四面八方欣赏它。形体起伏是圆雕主要的表现手段，它可以静代动。

浮雕

浮雕是用压缩的办法来处理对象，靠透视等因素来表现三维空间，并只供一面或两面观看的雕塑。它是雕塑与绘画相结合的产物。由于浮雕所占空间较小，所以适用于多种环境的装饰。

竹雕

作品中的衡山

衡
山

南岳衡山绵延八百里，状如朱雀展翅，清人魏源在《衡岳吟》中"惟有南岳独如飞"即源于此状。被称为"五岳"独秀的南岳衡山，春看花、夏观云、秋望月、冬赏雪，季季有诱人佳景；层峦叠嶂之中，无山不树，无峰不秀，涧洞池潭、飞泉瀑布、新老四绝等自然景观和人文景观处处可见。为此，文人骚客每游至此，多泼墨加以赞赏。现选列如下：

过衡山见新花开却寄弟（唐•柳宗元）

故国名园久别离，今朝楚树发南枝。

晴天归路好相逐，正是峰前回雁时。

诗韵衡山

登山有作（宋·朱熹）

晚风云散碧千寻，落日冲飚霜气深。

雾色登临寒月夜，行藏只此验天心。

文学

文学，即是指用语言文字为工具，借助各种修辞或表现手法形象化地反映客观现实的艺术，是社会科学的学科分类之一，也是文化的重要表现形式，它包括戏剧、诗歌、小说、散文等。

作品

作品就是指作者通过创作活动而产生出来的具有文学、艺术或科学性质的一切智力成果，而这种成果又是以一定的物质形式表现出来的，这种物质形式就可称为作品。

自然景观与人文景观

自然景观是指那些可见景物中，未曾受人类影响或稍有人类影响而原有面貌未发生明显改变的景观；人文景观是指在自然景观基础上，叠加了文化特质而构成的景观，又称文化景观。

作品中的衡山

图书在版编目（CIP）数据

衡山／王志玲编著. —— 长春：吉林出版集团股份有限公司，2013.1
（中华美好山川）
ISBN 978-7-5534-1388-4

Ⅰ．①衡… Ⅱ．①王… Ⅲ．①衡山-介绍 Ⅳ．①K928.3

中国版本图书馆CIP数据核字(2012)第316551号

衡山
HENG SHAN

编　　著	王志玲	
策　　划	刘　野	
责任编辑	祖　航　李　娇	
封面设计	隋　超	
开　　本	680mm×940mm　1/16	
字　　数	42千	
印　　张	8	
版　　次	2013年1月第1版	
印　　次	2018年5月第3次印刷	

出　　版	吉林出版集团股份有限公司
发　　行	吉林出版集团股份有限公司
地　　址	长春市人民大街4646号
	邮编：130021
电　　话	总编办：0431-85618719
	发行科：0431-85618720
邮　　箱	SXWH00110@163.com
印　　刷	湖北金海印务有限公司

书　　号	ISBN978-7-5534-1388-4
定　　价	25.80元